Lucia Jay von Seldeneck und Verena Eidel

111
Berliner,
die man
kennenlernen
sollte

emons:

Bibliografische Information der Deutschen Nationalbibliothek
Die Deutsche Nationalbibliothek verzeichnet diese Publikation
in der Deutschen Nationalbibliografie; detaillierte bibliografische
Daten sind im Internet über http://dnb.d-nb.de abrufbar.

© Emons Verlag GmbH
Alle Rechte vorbehalten
© der Fotografien: Verena Eidel
Layout: Eva Kraskes, nach einem Konzept
von Lübbeke | Naumann | Thoben
Kartografie: Regine Spohner
Kartenbasisinformationen aus Openstreetmap,
© OpenStreetMap-Mitwirkende, ODbL
Druck und Bindung: B.O.S.S Medien GmbH, Goch
Printed in Germany 2016
ISBN 978-3-95451-845-6
Originalausgabe

Unser Newsletter informiert Sie
regelmäßig über Neues von emons:
Kostenlos bestellen unter
www.emons-verlag.de

Vorwort

»Wo ick bin, da is' vorn!« Berliner sind eigen und eigenwillig. Weder höflich noch bescheiden. Aber diese derben Draufgänger haben es geschafft, das olle Berlin zum Nabel der Welt zu machen.

Unterwegs durch diese Stadt haben wir ziemlich schnell gemerkt, dass es eben die Menschen sind, die Berlin zu dem machen, was es ist: ein Ort, der Platz bietet für die ganz großen Visionen genauso wie für die verrückten Einfälle über Nacht. Eine Stadt, die offen ist für alles, was mit Leidenschaft angepackt wird!

Wir haben 111 Berliner getroffen, die unterschiedlicher nicht sein könnten. Sie alle haben für einen Moment ihre Welt mit uns geteilt. Jedes Mal war etwas zu spüren von dem, was über das »Man-müsste-mal ...« hinausgeht: »Wir machen das jetzt einfach. Unser Ding.« Nora Al-Badri befreit eine Königin, Klavierhelmut wartet auf die nächste Lücke im Autostrom, Heidi Hetzer fährt im Oldtimer um die Welt, und Aydin Akin muss noch Marx und Engels überholen.

Ob Orgel-Ebi, Polit-Putze oder Flotte Lotte – sie alle sind Berliner Originale. Und sie alle lassen es sich nicht nehmen, ihre Stadt mitzugestalten. So wie Jutta Weitz, die damals kurz nach der Wende die leer stehenden Gewerberäume von Mitte übergangsweise den Künstlern und Club-Betreibern überließ und so das Prinzip Zwischenraumnutzung erfand, oder wie Ralf Steeg, der nicht lockerlassen wird, bis die Berliner wieder in der Spree schwimmen können.

Und denk immer dran: Pikst dich die Berliner Schnauze auch mal ein bisschen, sie ist dennoch: eine Aufforderung zum Tanz!

Verena & Lucia

111 Orte

1 Ahmad Arsan

Der Jacques

Er übersieht niemanden. Jeder, der eintritt, wird begrüßt, zum Tisch begleitet, in ein Gespräch verwickelt – und schon ist er wieder weiter, untergetaucht zwischen den immer vollen Tischen, um mit einer herbeigezauberten Flasche Wein ein paar Plätze weiter die Gläser zu füllen. Gefühlte zehn Sekunden später wiederum sucht man ihn vergeblich an dieser Stelle – und entdeckt ihn kurz darauf dann am anderen Ende der Bar. Sie rufen: »Jacques! Hallo!« Ahmad Arsan zuckt die Schultern: »Das macht überhaupt nichts. Ich bin doch schließlich das Café Jacques.« Und auch woher er kommt, weiß niemand so ganz genau. Aus Marokko, sagen die einen, aus Persien, glauben die anderen. Das amüsiert Ahmad Arsan. Aber das alles sei ja auch nicht so wichtig. Wichtig sei einzig und allein die Leidenschaft. Und für ihn sind das eben: gutes Essen und guter Wein. Das sei es, was er tue, und das mache ihn eben auch aus, erklärt der Gastronom.

Falls er eines Tages nicht mehr mit dem Herzen dabei sein sollte, ist es vorbei. Das hat er sich geschworen. »Aber«, sagt Ahmad Arsan und lacht, so ansteckend, wie er es immer tut: »Es macht ja Spaß wie nie zuvor!« Und solange das so ist, geht er morgens ab zehn Uhr einkaufen, dann werden Gerichte überlegt und Zutaten der Saison kombiniert. »Heute haben wir eine Rhabarber-Ingwer-Soße kreiert«, sagt er freudig und fügt dann mehr zu sich selbst hinzu: »Die könnte man eigentlich mit Steinbuttfilet …« Und abends, ja abends sei er dann eben für seine Gäste da. Da mache er eigentlich nichts Neues, eine Gaststätte eben, sagt er. Aber Ahmad Arsan macht das so, dass seine Gäste aus der ganzen Stadt kommen – und bleiben.

Wer ins Café Jacques geht, der nimmt sich nichts Weiteres vor, sondern lässt sich ganz auf drei Dinge ein: gutes Essen, guten Wein – und das ein oder andere philosophische Gespräch mit Ahmad Arsan natürlich.

Lieblingsort Der Karpfenteich: »Da gehe ich immer hin, um mich zu erholen. Wenn ich einmal um den Teich herumgelaufen bin, setze ich mich an den Rand und beobachte die Kinder und Spaziergänger. Das tut gut.« | **Adresse** Treptower Park, Puschkinallee, 12435 Berlin-Treptow

2 Alexander Kroupa
Insektenzähler

Man merkt dem Projekt nicht sofort an, dass es die Naturwissenschaft weltweit revolutioniert: Es beginnt in den schmalen verdunkelten Gängen zwischen jahrhundertealten Schränken in einem der unzähligen, für Besucher nicht zugänglichen Räume des Naturkundemuseums. Alexander Kroupa zieht einen Holzkasten aus dem Schrank, vorsichtig, beinahe andächtig: Monster-Wespen, auf Nadeln gespießt, hinter Glas. »Schon allein Wespen und Bienen gibt es zwei bis drei Millionen«, erzählt der Biologe beiläufig. Die Sammlung des Museums umfasst 30 Millionen Objekte. Es könnten aber auch zehn Millionen mehr oder weniger sein, so genau wisse das hier niemand.

Das Unterfangen: Kroupa und sein Team haben ein Softwareprogramm entwickelt, mit dem sie die Insekten, welche allein die Hälfte der gesamten Sammlung des Museums ausmachen, digitalisieren. Für die Bilder hat die Haustechnik des Museums einen Prototyp gebastelt, der aus alten Drehscheiben, Motoren und einer mobilen Kamera besteht – und einwandfrei funktioniert. Inzwischen können Wissenschaftler weltweit die ersten Typen aus der Sammlung auf der Webseite ansehen und damit arbeiten. Bisher mussten Insektenforscher zu den großen Sammlungen reisen oder sich Typen zuschicken lassen – was manches Mal nicht glimpflich für die Tiere ausging. Und Forscher aus ärmeren Ländern blieben oft ausgeschlossen. Jetzt kann jeder auf ZooSphere.net die artspezifischen Merkmale heranzoomen – und seine Neuentdeckung zuordnen.

»Und es wird nie abgeschlossen sein«, sagt Alexander Kroupa und strahlt dabei, »es werden ja immer wieder neue Arten entdeckt.« Er selbst sei ja auch den Insekten verfallen. Bei ihm habe es mit einer Goldwespe angefangen, sagt er und zieht einen Insektenkasten mit kubanischen Bembix-Arten unter seinem Schreibtisch hervor. Das erklärt auch, wie Alexander Kroupa das große Entstauben der Insektenkästen angeht: mit Leidenschaft.

Lieblingsort Der Botanische Garten: »Mit seiner vielfältigen Pflanzenwelt und damit natürlich auch reichhaltigen Insektenwelt ist er nicht nur ein Park, sondern ein liebevoll gestalteter Ort zum Entspannen und Entdecken.« | **Adresse** Königin-Luise-Straße 6–8, 14195 Berlin-Dahlem

3 Andreas Müller

Jugendrichter mit Ansage

Seinen wahrscheinlich wichtigsten Entschluss im Kampf gegen den Rechtsextremismus fasst Richter Müller eines Nachts um drei Uhr in einer Kreuzberger Kneipe: In jedem Gerichtssaal Deutschlands ist das Kaugummikauen verboten – aber das Tragen von Springerstiefeln mit weißen Schnürsenkeln, ein eindeutiges Bekenntnis zu Gewaltbereitschaft und Rassismus, wird geduldet? Als Andreas Müller tags darauf das Gericht in Bernau betritt, verbietet er besagte Schuhe in seinem Saal. Von da an gilt: »Wer bedroht, beschimpft oder aber in Springerstiefeln auftritt – bekommt von Müller eine Auflage. Und zwar sofort.«

Das war 1998. Wenn er heute an diesen Tag zurückdenkt, an dem sich 24 Stiefel im Flur aufreihten und alle Zuschauer im Gerichtssaal in Socken auf der Bank saßen, muss Andreas Müller lachen wie über einen gelungenen Streich. Doch kurz darauf tauchten Hakenkreuze auf der Bank vor seinem Gerichtssaal auf. Drohungen gegen Müller, erklärt er sachlich. Es war klar: Er sollte es persönlich nehmen. Das hat er getan: »Ich habe in Haft genommen, was ich in Haft nehmen konnte.« Er wird zum meistgefürchteten Richter der rechtsradikalen Szene. Vor allem, weil er schnell verhandelt. Die Schuldigen werden von da an direkt aus dem Saal heraus verhaftet. Das ist neu. Das ist eine Ansage.

Die Zeitungen nennen ihn »den härtesten Richter Deutschlands« oder auch »Richter Gnadenlos«. Den ersten Titel nimmt Andreas Müller gern an – aber das Wort »gnadenlos« macht ihn wütend: Gnade sei schließlich ein wesentlicher Bestandteil des Rechts. »Ich reg mich immer so auf«, sagt er entschuldigend. Zum Glück, möchte man ihm sagen, doch da ist er schon beim nächsten Thema: Legalisierung von Haschisch. »Dafür kämpfe ich ja auch.« Kurz scheint er selbst darüber zu staunen, wie er das alles schafft. Da klingelt auch schon wieder das Telefon, ein Fernsehsender fragt an für eine Talkshow.

4__Andreas Scholz

Bademeesta im Prinzenbad

Wenn er zwischen Kaltbecken und Nichtschwimmerbecken entlang-
läuft, drückt jede seiner Bewegungen die unverkennbare bademeis-
tereigene Hoheitsgewalt aus. Es ist die Mir-entgeht-nichts-Pose.
»Entweder man hat's drauf, oder man hat's nicht drauf!«, sagt Andreas
Scholz, ohne den Blick von den knallblauen Becken zu wenden. Und
das glaubt man ihm sofort.

Dabei hat der gelernte Kfz-Mechaniker lange gebraucht, um sein
Talent zu erkennen. Er nennt sich selbst einen Quereinsteiger. Er
war damals Hartz-IV-Empfänger, wusste nicht mehr weiter und hat
dann, sagt er, einfach mal Glück gehabt: ein Job im Schwimmbad, die
Möglichkeit, den Rettungsschwimmer zu machen – und dann ist er
irgendwann hier im Prinzenbad gelandet. »Als Bademeesta«, er betont jede einzelne Silbe dieses Wortes beinahe ehrfürchtig, als wäre
es ein unerreichbarer Titel, »muss man vor allem eins sein: selbstbe-
wusst«, erklärt Scholz. Das stehe an erster Stelle, dann folgen: sport-
lich und diplomatisch. »Und«, ihm fällt noch was ein: »Du darfst
nicht aussehen wie een Vogelbeen!«

Andreas Scholz kennt die meisten Gäste vom Sehen. Einige auch
besser, denn er hält gern mal ein Schwätzchen. »Wir sehen die Jugendlichen aufwachsen hier«, erklärt er. Und kennen unsere Kandi-
daten. Ohne Security gehe es zwar nicht mehr im Prinzenbad, aber
insgesamt sei es entspannter geworden. Ein richtiges Familienbad.
Aber es gibt eben auch die heißen Tage, und dann ist es ein Kno-
chenjob. Da kommen bis zu 8.000 Leute ins Freibad. Die drei Sätze,
die Bademeister Scholz jeden Tag unzählige Male in sein Megafon
spricht, sind: »Nicht von den Längsseiten springen!«, »Wir schubsen
uns nicht!« und »Im Innenbereich bitte nicht rauchen!«. »Viel mehr
ist dit eigentlich nicht«, sagt Scholz bescheiden, und man denkt, dass
es eben ein seltenes Glück ist, wenn einer so zufrieden ist mit sich
und seiner Arbeit.

5 Anna Haase
Toilettenführerin

Der Gendarmenmarkt: Über den Platz verteilen sich unzählige kleine Gruppen – sie drängen entweder um einen Regenschirm, hocken auf den Domtreppen oder folgen einer hochgehaltenen Fahne. Hin und wieder löst sich eine einzelne Person aus einer Menschentraube und steuert auf eine Seite des Platzes zu. Hier steht sie, die von Karl Friedrich Schinkel passend zu Dom und Konzerthaus entworfene öffentliche Toilette. Und seit über 100 Jahren herrscht hier reger Betrieb. Das sogenannte Café Achteck von Berlin hat eine Geschichte.

Und diese zu erzählen hat sich die Stadtführerin Anna Haase zur Aufgabe gemacht. Die Idee für ihre »Tour de Toilette« hatte sie 2005, als am Welttag des Gästeführers das Thema »Oasen der Ruhe« ausgelobt wurde. Anna Haase war sich sicher, dass sich alle Kollegen die Kirchen und Friedhöfe der Stadt vornehmen würden. Aber das war ihr zu langweilig. Also begann sie, sich mit der Geschichte der öffentlichen Toiletten zu beschäftigen. Und so erzählt sie heute zum Beispiel von den ersten Klohäusern im alten Griechenland, wo Männer nebeneinanderhockten und plauderten und miteinander »Geschäfte machten«. Die Kaisersaal-Toilette am Potsdamer Platz ist auch eine Station auf ihrer Tour. Sogar der Kaiser ging hierher, wenn er musste. Daher komme auch der Spruch: »Ich muss mal kurz dorthin, wo der Kaiser zu Fuß hingeht.«

Es gibt sie im Gründerzeitstil, in Neuer Sachlichkeit, Landhaus und natürlich in moderner Architektur. Anna Haase verteilt Toilettenpapier – und manchmal bringt sie auch Bier mit. »Damit die Leute auch mal müssen.« Ihre Bekannten haben immer gesagt: Anna, eine Toiletten-Tour? Das hast du doch gar nicht nötig! – Aber Anna Haase lacht: »Es interessiert die Leute ja! Vielleicht, weil es ein Tabuthema ist, aber vor allem deswegen, weil es die Geschichte dieser Stadt aus einer anderen Perspektive erzählt!«

Lieblingsort Die steinerne Chronik von Berlin: »Ein Fries über den Arkaden erzählt hier im Nikolaiviertel die sozialistische Geschichte Berlins: ein Stück Berlingeschichte als Bildergeschichte. Das kennen die wenigsten!« | **Adresse** Rathausstraße, Ecke Poststraße, 10178 Berlin-Mitte

6 Anna Kyrieleis

Flaggschiffsteuerfrau

Noch drei Stunden bis Sendebeginn. Die Leiterin der Abendschau schlägt die Beine übereinander und ist: vollkommen entspannt. Dabei müsste doch mindestens alle drei Minuten das Telefon klingeln, die Redakteure und Reporter mit den neuesten Meldungen zur Tür hereinplatzen – die Abendschau ist schließlich *die* Nachrichtensendung für Berlin. Doch Anna Kyrieleis ist die Ruhe in Person. »Je aufregender es wird, desto konzentrierter bin ich.« Und ohne dieses Talent würde es wohl auch nicht gehen, überlegt sie laut. Denn: »Wir sind Berlin!« Und das sei einerseits genial: »So weiß ich immer Bescheid, welche Orte dieser Stadt gerade angesagt sind – und das, obwohl ich im Zweifel nie dort gewesen bin!« Aber, Anna Kyrieleis macht eine gedankenvolle Pause, natürlich sei es anderseits auch eine Riesen-Verantwortung. Denn die Abendschau mache die Ereignisse des Tages ja erst zu Nachrichten. »Alles, was in der Abendschau stattfindet, findet groß statt.« Das, sagt die Journalistin, muss man sich unbedingt bewusst machen – »Da wird es nämlich ernst« –, aber es ist auch etwas, über das man nicht die ganze Zeit nachdenken kann, zum Beispiel, wenn gerade eine schnelle Entscheidung her muss.

Aber vor allen Dingen, sagt Anna Kyrieleis, ist es eine Chance, das Berlin-Bild mit zu prägen. Oder, in ihren Worten: »Wir sind hier das Flaggschiff!« So hat sie zum Beispiel die Situation der Flüchtlinge in der Stadt zu einem großen Thema in der Abendschau gemacht.

Und jede Entscheidung für etwas ist dann eben auch immer eine Entscheidung gegen ein anderes Thema. »Wir können hier nichts auf übermorgen verschieben.« Aber das ist ja auch mit das Beste daran, sagt die Chefin: Wenn die Sendung vorbei ist, dann fahre sie nach Hause zu ihrem Mann und ihren drei Kindern – und was dann noch in Berlin passiert, interessiert sie erst wieder am nächsten Morgen zur Redaktionskonferenz.

Lieblingsort »Die ›Odin‹: Die Fähre bringt die Ausflügler und Wochenendhäusler auf die Inseln im Tegeler See – und vereint während der Überfahrt die unterschiedlichsten Stadtmenschen im Ausflugsvorfreudenglück.« | **Adresse** Fähranleger Jörsstraße, 13505 Berlin-Konradshöhe (an Wochenenden und Feiertagen, April bis Oktober)

7___Anne Haertel
Verkupplerin

Es geht ums Weitermachen. Ums Nicht-Aufgeben. Ein bisschen wie beim Gärtnern eben, wo man auch nicht gleich ernten kann. Mitten auf einer Brachfläche in Lichtenberg zwischen hochgeschossigen Plattenbauriegeln hatte Anne Haertel diesen Traum. Die Vergissmeinnicht blühen am Wiesenrand, in den Beeten leuchtet das frische Grün, und am Zaun protzt üppig der lila Flieder. Eine wohltuend grüne und vor allem wilde Oase mitten in dem ganz und gar linear angelegten Stadt-Wohngebiet. Aber als ob es nicht schon genug wäre, einen Flecken Natur mitten in der Stadt zu etablieren, einen Ort für wilden Wein, unzählige Sorten von Kartoffeln und Bienenvölker, einen Garten für die Kindergärten der Umgebung – Anne Haertel wollte noch mehr, als sie 2009 als Projektleiterin anfing.

Sie wollte, dass Menschen aus verschiedenen Kulturen in Lichtenberg gemeinsam gärtnern. Hälfte deutsch, Hälfte nichtdeutsch – so hatte sie es sich vorgenommen. »Ansonsten macht doch die Idee eines interkulturellen Gartens gar keinen Sinn.« Sie blickt fragend auf. In Kreuzberg oder anderswo wäre diese Idee nicht weiter befremdlich. In Lichtenberg hingegen sehr. Die Anwohner aus den umliegenden Häusern kamen nicht.

Aber Stück für Stück fanden sich andere Naturfreunde ein – und heute ist ihre Vision Wirklichkeit geworden: Auf den 40 Beeten pflanzen und ernten heute Menschen aus Polen, Russland, Bosnien und Deutschland gemeinsam. Und das Beste, so Anne Haertel, es funktioniert: Es gibt einen Austausch über die Gartenarbeit und das gemeinsame Grillen und Essen am Abend. »Ich habe eben nicht lockergelassen«, sagt sie stolz. Der interkulturelle Garten ist ein Erfolg – auch wenn die Nachbarn aus den Häusern drum herum immer noch nicht runterkommen. Aber vielleicht lädt ja dann doch irgendwann einmal der Blick über den blühenden Flieder zum ersten Schritt ein, aufeinander zu.

Lieblingsort Spreebogenpark: »Wenn ich mit dem Fahrrad unterwegs bin, halte ich gern hier am Wasser. Man spürt eine Weite mitten in der Stadt, das ist etwas Besonderes.« | **Adresse** 10559 Berlin-Mitte

8 Ann-Kathrin Carstensen
Spitzenfrau

Es gibt das Häkeln, das Knoten und das ganz feine Häkeln mit der Nähnadel. Gelernt haben die Frauen die Techniken von ihren Müttern und Tanten. Jahrelang wird in den türkischen Familien für die Aussteuer der Töchter gehäkelt. Doch dass die Frauen hier in dem Raum in Neukölln eigentlich immer eine Häkelnadel in ihrer Handtasche dabeihaben, hat einen anderen Grund.

Ann-Kathrin Carstensen hatte irgendwann die Idee, für diese Spitzen neue Formen zu finden. Perlenbestickte Kragen zum Umbinden, aus kleinen Blumen gehäkelte Colliers und hauchzarte Negligés mit Trägern aus Spitze: Die Ergebnisse kann man heute im Showroom ihres Labels »Rita in Palma« in Neukölln, aber auch auf dem Vogue-Cover und im KaDeWe finden.

Doch zuerst schien die Sache ziemlich aussichtslos, erzählt die Designerin. Sie hatte eine Menge Zettel in den umliegenden Backshops aufgehängt. Keine einzige Frau hat sich gemeldet. Dann hat sie sich an die türkischen Vereine gewandt. Wieder nichts.

Aber seit wir diesen Ladenraum haben, erzählt Ann-Kathrin Carstensen, haben die Frauen ihn auch zu ihrem Ort gemacht: Heute gibt es hier gemeinsame Frühstücke, Deutschkurse – und natürlich viele Häkelstunden! »Er ist zu unserem Zuhause geworden«, sagt Ann-Kathrin Carstensen und klingt sehr zufrieden.

»Dieser Familienzusammenhalt hat mich immer schon angezogen.« Es fühlt sich richtig an, denn: Es ist ein Prozess. Die Frauen erfahren eine Wertschätzung ihrer Handarbeit, lernen aber auch den ganzen Ablauf kennen, der dazugehört, bis ihre Arbeit im KaDeWe zum Verkauf ausliegt. »Meine Vision ist es, dass wir hier mit 100 Frauen für Chanel produzieren«, sagt sie und fügt mit kämpferischem Nachdruck hinzu: »Und das meine ich ernst.« Und dass das Häkeln nicht verloren geht, ist nur ein kleiner Teil dieses Märchens, das dann wahr geworden sein wird.

Lieblingsort Der Häkelclub: »Dieser Ort ist meine Familie geworden. Hier kommen die türkischen Frauen zusammen, häkeln, quatschen, lernen Deutsch. Ich verbringe mein Leben hier und lerne auch dazu, jeden Tag.« | **Adresse** Kienitzer Straße 101, 12049 Berlin-Neukölln

9_Arno Funke
Dagobert

Als Arno Funke das Café am Ku'damm betritt, wird er mit Kopfnicken begrüßt. Man kennt ihn, denn hier trifft er sich immer mit den Journalisten. Er setzt sich an den Tisch und lächelt aufmunternd. Er weiß inzwischen nur zu gut, was jetzt kommt. Die Fragen, die ihm hier unter den roten Sonnenschirmen gestellt werden, weichen kaum voneinander ab: Wie war das damals, als er das KaDeWe um 500.000 Mark erpresst hat? Was hat er mit dem Geld gemacht? Hatte er Angst? Und: Bereut er es heute?

Arno Funke ist Deutschlands berühmtester Erpresser. Von 1992 bis 1994 ist er der Polizei immer wieder entwischt, für die Geldübergaben hat er sich alle möglichen Tricks einfallen lassen. Die BZ jubelte: »Dagobert, schlauer, als die Polizei erlaubt«, und ganz Berlin hörte seine verstellte Stimme übers Telefon an.

Arno Funke lacht viel, wenn er von den Verfolgungsjagden, den Tonbändern und seinem selbst gebauten Schienenfahrzeug erzählt. Er genießt es, seine Überlegenheitsmomente auszuschmücken. Aber, und das ist ihm wichtig: Er sei damals sehr krank gewesen. Er erklärt: »Die Erpressungen waren meine letzte Chance, um nicht durchzudrehen.« Und deshalb sei die Frage nach der Reue auch nicht so einfach zu beantworten. Aber dass es nicht gut ausgehen konnte, war ihm schon bald klar.

Eigentlich möchte er nicht immer nur Dagobert sein. Schließlich ist er so viel mehr: Karikaturist und Buchautor zum Beispiel. Aber Arno Funke weiß auch, dass es nicht so einfach ist. Den Dagobert kann er nicht ablegen, auch nicht nach den sechs Jahren im Gefängnis. Und so trifft er sich immer wieder mit den Menschen unter den roten Sonnenschirmen. Er weiß inzwischen: Es bleibt für die meisten unvorstellbar, dass ein böser Mensch ein guter Mensch geworden sein soll. Also erklärt er es immer wieder. Und die Berliner scheinen nicht müde zu werden, Dagoberts Geschichten zu hören.

Lieblingsort Der Dörferblick: »Für die Planung der Geldübergaben bin ich viel in der Stadt herumgekommen. Der ›Dörferblick‹ ist aber ein Ort aus meiner Kindheit. Von oben konnte man über die Grenze hinweg weit in den Osten gucken. Der Blick ist auch heute noch beeindruckend.« | **Adresse** Waßmannsdorfer Chaussee 189, 12355 Berlin-Rudow

10 Aydin Akin

Der Aktivist auf dem Fahrrad

Schon von Weitem schrillt seine Trillerpfeife durch die Straße, dann fliegen einzelne, vom Megafon verzerrte Worte wie Wahlen, Steuerzahler und Ausländer herüber – und dann, ja dann ist Aydin Akin auf seinem Fahrrad auch schon vorbeigefahren. Auf dem Schild, das auf seinem Rücken hängt, kann man, wenn man schnell ist, noch lesen, worum es dem Lärmmacher geht: Suche wahre Demokratie.

Wenn man sich mit dem 73-Jährigen an einer Straßenkreuzung trifft, erklärt er jedem, der nachfragt, sein Anliegen: Als Berliner Türke kämpft er dafür, dass er als Steuerzahler in Deutschland kommunales Wahlrecht erhält. Und dafür ist er auf den Straßen unterwegs. Seit elf Jahren. Jeden Tag. Nach der Arbeit in seinem Büro als Steuerberater in Neukölln fährt Aydin Akin los, durch alle Bezirke, bis zu 40 Kilometer am Stück. Das macht insgesamt, und jetzt muss Aydin Akin einen kleinen Zettel aus der Hemdentasche holen, das macht also heute genau: 111.550 Kilometer.

»Wie man sieht, habe ich ein Stück weit die deutsche Disziplin angenommen«, er lacht kurz, wird aber gleich wieder ernst: »Aber die Dickköpfigkeit der Menschen am Schwarzen Meer, die habe ich behalten.« Denn es ist ihm durchaus sehr ernst mit seiner Mission. Es gehe ihm nicht mehr darum, für sich selbst etwas zu erreichen, räumt er ein. Aber jemand muss auf diesen Missstand aufmerksam machen, damit sich für die nachkommenden Generationen etwas ändert. Schließlich sei dies doch das Grundprinzip der Demokratie: die Teilhabe. Oder?

Schon muss er wieder los, denn Zeit ist für Aydin Akin ein knappes Gut: Er ist entweder auf der Arbeit oder im Dienst – so nennt er es, wenn er die Menschen in Berlins Straßen aufzurütteln versucht. »Ich muss noch Marx und Engels überholen«, sagt er lachend, und schon tritt er wieder in die Pedale und ruft ins Megafon: »Achtung, Achtung, wichtige Durchsage!«

Lieblingsort Die Bergmannstraße: »Wenn ich mich schlecht fühle, fahre ich Fahrrad. Die Menschen geben mir Kraft. Dann geht es mir wieder gut. Die Bergmannstraße ist meine Lieblingsstraße.« **| Adresse** Bergmannstraße, 10961 Berlin-Kreuzberg

11 Bascha Mika

Aufrüttlerin

Es war der Journalistin immer wichtig, für alle Themen offen zu sein. Doch dann, dann passierte es irgendwie doch, dass ein Thema zusehends in den Vordergrund trat. Es lag an der Dringlichkeit, erklärt sie, ich konnte es nicht länger ignorieren.

Denn obwohl Bascha Mika, langjährige Chefredakteurin der taz, persönlich nie das Gefühl hatte, als Frau weniger Chancen zu haben – die strukturelle Ungleichheit war immer da. Wie ein Splitter, der hartnäckig zwickt und drückt. Und wenn Bascha Mika über die ungleichen Voraussetzungen spricht, dann wird aus der sachlichen Journalistin immer mehr eine überzeugte Kämpferin. Ganz unvermittelt schwenkt sie aufs Wir um: »Wir müssen uns doch wehren!«, sagt sie zum Beispiel, oder: »Wir müssen etwas tun, damit es sich ändert.«

Passiert sei schon seit einigen Jahren eigentlich nicht mehr viel. Und das, so Bascha Mika, sei vor allem den Frauen selbst zuzuschreiben. Inzwischen scheinen alle der Meinung zu sein, in Deutschland herrsche Gleichberechtigung. Aber Fakt sei doch vielmehr, dass nach wie vor für Frauen nicht das gleiche Maß gelte wie für Männer, weder im Berufs- noch im Privatleben, erklärt sie streng und auch mit einer kleinen, aber unüberhörbaren Portion Ungeduld in der Stimme. Wie kann es sein, dass sich immer mehr Akademikerinnen in Deutschland nach der Geburt ihrer Kinder damit abfinden, zu Hause zu bleiben? Das bleibt ihr ein Rätsel.

Und deshalb schrieb Bascha Mika auch ein Buch darüber, oder vielmehr eine Streitschrift, mit dem Titel: »Die Feigheit der Frauen«. Denn, sagt sie bestimmt, es liegt an uns selbst, ob sich die Verhältnisse ändern. Auch mit Familie. Und auch wenn es schwer ist, sich gegen Erwartungen und traditionelle Rollen zu wehren. Total schwer, gibt Bascha Mika zu. Und genau deshalb tourt sie mit ihrem Buch von Stadt zu Stadt. Ihre Botschaft: Mut zum Streit! Damit noch mehr passiert. Noch viel mehr.

Lieblingsort Die Luiseninsel: »Hier am Ufer steht eine Bronzebüste der Königin Luise, die immer geschmückt ist! Im Sommer mit Blumen, im Herbst mit Knallerbsen, im Winter mit schönen Zweigen. Auch ich habe Luise schon was Schönes hingelegt.« | **Adresse** Schlosspark Charlottenburg, Spandauer Damm 20–24, 14059 Berlin-Charlottenburg

12 Ben Scheffler

Hindernisüberwinder

Wenn er durch die Stadt läuft, dann kann er gar nicht anders: Seine Augen messen jede Höhe und jeden Abstand in Sichtweite. Sie ebnen Bahnen, wo eigentlich keine Wege auszumachen sind. Ben Scheffler geht durch die Straßen, wie man sonst einen Wald durchquert, immer darauf bedacht, die beste Route zu finden – und immer auf der Hut. Ben Scheffler hat ein Wort dafür, nämlich: effizient.

Er ist Traceur und war einer der Ersten, die Parkour in Berlin ausprobiert haben. Und schließlich hat er das Hindernisüberqueren hier als Sport etabliert. Parkour, so erzählt er, ist eigentlich eine Fluchtkunst. Er selbst stelle sich immer konkrete Notsituationen vor, und dann gehe es darum, Barrieren zu überwinden, zu entkommen. Und das kommt dann meist ganz unerwartet. So wie jetzt: Er mustert den Abstand, wippt auf den Füßen, nimmt einige Schritte Anlauf und geht oben auf der Mauer weiter, ist schon am anderen Ende angekommen, ein paar Griffe in der Wand, er zieht sich hoch, springt über einen Abgrund und blickt sich zufrieden um. Ein Vorteil von Parkour in der Stadt: Man entdeckt Dinge, die sonst hinter hohen, glatten Mauern verschlossen bleiben. So wie hier: Ein wunderschöner Kräutergarten liegt jetzt unter ihm. Und schon ist er wieder zurück. Es ist ein Ausbruch, das ja, überlegt er laut, und eine ständige Überwindung.

Wettkampf gibt es beim Parkour nicht. Jeder muss wissen, was er schafft. »Den Sprung musst du ja letztlich immer allein machen.« Deshalb zählt vor allem das mentale Training. Wie kann ich mich überwinden? Beim Parkour lernt man, dass die meisten Probleme zu bewältigen sind. Ben Scheffler hat das überzeugt. Und so hat er irgendwann mit 17 Jahren aufgehört, den ganzen Tag Computer zu spielen. Heute ist er Geschäftsführer von ParkourONE, der ersten professionellen Firma rund um Parkour in Berlin. Sein Ziel: die Menschen zu begeistern von ihren eigenen Fähigkeiten.

Lieblingsort »Das Restaurant Mauna Kea ist einer der schönsten Orte für mich, mitten in Friedrichshagen gibt es nämlich die allerbesten Flammkuchen!« | **Adresse** Mauna Kea, Bölschestraße 44, 12587 Berlin-Friedrichshagen

13 __ Bernadette La Hengst

Agitationschanteuse

Das erklärte Ziel: die Menschheit aufzurütteln. Nicht mehr und nicht weniger. Und wenn Bernadette La Hengst dann beschreibt, was sie damit meint, erscheint dieses unerreichbar geglaubte Ziel plötzlich zum Greifen nahe: Ein politisches oder soziales Thema, die Geschichten der betroffenen Menschen und eine Portion Pop – das ist es, was die Musikerin und Theatermacherin braucht, um der Welt ihre großen Appelle spielerisch unterzujubeln – und sie so ganz nebenbei wie im Spiel aus ihrer Ohnmacht zu reißen!

Wie das funktionieren kann, zeigt zum Beispiel ihr bedingungsloses Grundeinsingen. Was als einmaliges politisches Experiment begann, bei dem eine Gruppe aus Erwerbslosen, Workaholics, Reinigungskräften und Managern für einen Zeitraum von einem Monat 1.000 Euro bedingungsloses Grundeinkommen bekam mit nur einer einzigen Bedingung: darüber zu singen – ist inzwischen zu einer regelrechten Bewegung geworden. In unzähligen deutschen Städten singt Bernadette La Hengst schon mit den unterschiedlichsten Menschen von Arbeit und Lohn, Anerkennung und Unterstützung.

Ob die Band mit den obdachlosen Jugendlichen, die Flüchtlinge auf der Bühne, die Wiederbelebung einer Kleinstadt in Mecklenburg-Vorpommern mit Hilfe eines Beschwerdechores – über alldem schwebt immer ihr Vorsatz, die Menschen aus ihrem unverdienten Schlaf zu wecken. Und Bernadette La Hengst hat irgendwann gemerkt, vielleicht damals, als sie mit 15 durchs Land trampte und auf der Straße Musik machte, dass sie das ganz gut kann. »Und dann ist es eben wie eine Sucht«, sagt sie und strahlt. Sie springt auf: »Soll ich euch meinen neuesten Song vorspielen?« Und mit kämpferischer Miene singt sie am Küchentisch zu ihrer Ukulele: »Say goodbye to lethargy – Save the world with this melody!« Ja!, will man jetzt nur noch rufen und die großen Ungerechtigkeiten dieser Welt anpacken! Her mit der Utopie!

Lieblingsort Der Park am Nordbahnhof: »Ein toller Streifen Grün – und als Verbindungsstück zwischen Mitte und Wedding steckt er voller Geschichten. Meine Vision: Eine ›Aufwertungsoperette‹ von und mit den Anwohnern des Brunnenviertels.« | **Adresse** Eingang Schwartzkopffstraße, 10115 Berlin-Mitte

14__ Bernhard Pilz

Selbstversorger

Alle kennen Bernie. Er ist der Vater aller Kleingärtner, der Patron der Laubenpieper, das Urgestein aller Gärtner hier südlich vom Bahndamm, wo sich Parzelle an Parzelle reiht. Dabei ist Bernhard Pilz eigentlich viel zu groß für den Schrebergarten, wo ja alles Miniatur ist. Er passt kaum durch seine Haustür und braucht nur fünf Schritte bis zum Gartentor. Aber wenn er dann einen Gast rund um sein Haus die Beete entlangführt, dann ist er in seiner ganzen Größe mit einer solchen Freude ausgefüllt, dass man geradezu zusehen kann, wie sie überschwappt und alle ansteckt. Bernie ist hier verwurzelt. Schon sein Großvater hat hier angepflanzt. Die Ehrenurkunde für den besten Kleingärtner des Jahres 1938 mit der geschwungenen Schrift hängt gleich neben dem Eingang.

Er ruft freudig: »Über 30 Kilo Bohnen – Das könn' Se aufschreiben!« Weiter geht's am nächsten Beet: »100 Gurken, 45 Kilo Tomaten. Und hier: 30 Köpfe Eisbergsalat.« In dem kleinen Haus, in dem er von Ende März bis November lebt, stehen drei Eisschränke. Darin wird die Ernte für den Winter portionsweise aufbewahrt. Bernie Pilz würde nie, und das betont er noch mal: nie eine Tomate aus dem Supermarkt essen. Das ist Schwachsinn, brummt er. Er selbst hat vier Tomatensorten im Garten, alte DDR-Sorten, wie er stolz sagt. Und was er nicht hat, das tauscht er. Denn auch das ist etwas, was Bernie hier am Leben erhält: die Gemeinschaft. Äpfel gegen Gurken, Dünger gegen Blumen. Überselbstversorger, die sind wir, sagt er und nickt.

Damals, als kurz nach dem Mauerbau die Versorgung knapp war, bekam Bernhard Pilz, gelernter Lagerist, einen Sonderpassierschein ausgestellt mit der Auflage, Samen und Setzlinge im Westen zu besorgen und damit hier in Treptow die Bevölkerung zu versorgen. Und das macht Bernie seitdem. »Und sieben Kilo Paprika«, ruft er von der Hausecke rüber und sieht zufrieden aus: ein gutes Jahr.

Lieblingsort Das Eierhäuschen: »Das beliebte Ausflugslokal fällt mehr und mehr in sich zusammen. Früher gab es hier Schwarzwälder Kirschtorte und dazu einen top Kaffee. Heute ist hier am Spreeufer mein Angelplatz.« | **Adresse** Kiehnwerderallee, 12437 Berlin-Treptow

15_Birger Schmidt
Kinostürmer

Er ist Pädagoge, Filmliebhaber und Fußballer. Und irgendwie hat es Birger Schmidt geschafft, das alles zu verbinden. Zu verdanken hat er das dem Fußball, der war der Grundstein für alles Weitere: Nachdem er von der Insel Fehmarn nach Berlin gezogen war, spielte er selbst in einem Berliner Verein und arbeitete in einem Projekt, in dem er Fußballfans betreute. Als er kurz darauf für den British Council tätig war, entdeckte er, dass die Engländer keinerlei Skrupel besaßen, Fußball und Kultur ganz offiziell in einem Atemzug zu nennen. Birger Schmidt sah dort Filme über Fußball, die weit über das Spiel auf dem Platz zwischen den beiden Toren hinausgingen – und merkte: Fußball hat im Grunde ein großes Potenzial und eignet sich hervorragend dazu, gesellschaftliche und soziale Fragen aufzurollen.

Und er fand noch etwas heraus: Es gibt unzählige Filme über Fußball, und zwar überall auf der Welt. Nicht nur Dokumentarfilme, sondern eben auch Liebesfilme, Komödien, Cartoons und sogar Pornos. So organisierte Birger Schmidt 2004 im Kino Central das erste Fußball-Filmfestival der Welt und gab ihm den Namen »11 mm«.

Das Festival findet inzwischen alljährlich im Frühjahr statt, und nach einem ersten ›Auswärtsspiel‹ in Rio de Janeiro gibt es mittlerweile Ableger auf allen Kontinenten. Birger Schmidt erhält Einladungen in die ganze Welt, und das alles, wie er sagt, »aus dieser spinnerten Idee heraus«.

Und noch eine Fußball-Idee brachte Birger Schmidt aus England mit: Er startete in Berlin das Projekt »Lernort Stadion«: Schüler verbringen eine Woche im Stadion und behandeln unterschiedliche Themen in Workshops – zusammen mit Fußballprofis.

Und so hat Birger Schmidt, indem er gemacht hat, was ihn interessiert, nebenbei gezeigt, dass Fußball eben viel mehr kann als nur Stadien füllen.

Lieblingsort Die Brückentour: »Über Berlins Gewässer schippern – das kann ich gar nicht oft genug machen. Die Nähe zum Wasser braucht man dann doch hin und wieder, wenn man wie ich von einer Ostseeinsel stammt.« | **Adresse** Anlegestelle Jannowitzbrücke, Märkisches Ufer, 10179 Berlin-Mitte (März bis Oktober)

16__Cem Avsar
Missionsleiter

Eigentlich hat niemand so richtig daran geglaubt. Die meisten haben ihnen abgeraten. Aber Cem Avsar und sein Studenten-Team von der Raumfahrttechnik der TU ließen sich nicht davon abbringen, bei dem nationalen »SpaceBotCup« mitzumachen. Die Aufgabe des Wettbewerbs war es, einen Roboter zu bauen, der autonom handeln kann – und zwar auch auf dem Mars. Aber dann, tja dann ging so einiges schief. Zuerst schien alles wie am Schnürchen zu laufen, erzählt Cem Avsar, der Roboter setzte sich in Bewegung, doch plötzlich: Verdammt, es geht nicht! – Wie, was geht nicht? – Er passt nicht durch die Tür!

Während Cem Avsar noch einige weitere Pannen aufzählt, lacht er immer wieder vergnügt auf. Das gehöre eben zur Forschung dazu. Und besonders die Raumfahrt habe es so an sich, dass einiges schiefgehen könne. Das Problem in seinem Fachgebiet ist, dass es diese große ungewisse Komponente gibt, nämlich den Weltraum. Im Grunde kann man die Satelliten und Roboter hier auf der Erde testen, so viel man will, wenn sie erst mal im All sind, müssen sie auch unter den Bedingungen dort oben funktionieren. Tja, und da müsse man eben auch hin und wieder mal eine Niederlage einstecken können, sagt Cem Avsar.

In sein Fachgebiet ist er rein zufällig hineingeraten, damals, als er eigentlich Vermessungswesen studieren wollte, sich dann aber, da dieses Studium kurz vor Semesterbeginn gestrichen wurde, spontan für das nächste Fach auf der Liste entschied: Verkehrswesen. Und dann ist er irgendwann bei der Raumfahrt gelandet. Inzwischen macht der wissenschaftliche Mitarbeiter hier am Institut die Öffentlichkeitsarbeit gleich mit. Das ist wichtig, sagt er. Und man versteht, was er meint, nämlich, den Weltraum ein klein wenig greifbarer zu machen.

Und deshalb hat Cem Avsar mit seinem Vortrag über die missglückte Mission auch beim Berliner Science-Slam mitgemacht – und gewonnen.

Lieblingsort Die FEO-Wiese: »An Sommerabenden habe ich dort Gitarre gespielt und mit Freunden bis spät in die Nacht philosophiert und geträumt. Die Abkürzung steht für Friedrich-Ebert-Oberschule. Unsere Wiese ist sogar bei Wikipedia vermerkt, und eine Facebook-Seite gibt es heute wohl auch schon.« | **Adresse** Volkspark Wilmersdorf, 10715 Berlin-Charlottenburg

17_ Christel Barth

Die Abgehärtete

Wenn die Saison zu Ende ist, kehrt Ruhe ein vor den gelb-blauen Kabinentüren im Strandbad Orankesee. Der Wind fegt die Blätter über die leere Liegewiese, die Rollläden vor dem Kiosk bleiben unten. Ganz ungestört bleibt diese winterliche Ruhe allerdings nicht: Jeden Sonntag um zehn Uhr öffnet sich die Freibad-Drehtür, Taschen und Handtücher werden auf dem Mäuerchen hinter dem Strand abgelegt – und immer mehr Menschen finden sich ein.

So auch Christel Barth. Sie ist schon seit 25 Jahren dabei und war lange Zeit Vorsitzende der »Berliner Seehunde«. Bevor es losgeht, erklärt sie kurz den Ablauf: Jeder bleibt so lange im kalten Wasser, wie es für ihn angenehm ist. Allerdings gehen die meisten zweimal hinein. Christel Barth auch. »Denn beim zweiten Mal«, sie lächelt vielsagend, »ist es erst so richtig gut.« Man sollte möglichst zügig ins kalte Wasser gehen und dann bis zum Hals eintauchen. Die einen bevorzugen es, im Wasser eine Weile stehen zu bleiben, andere bewegen sich lieber. Aber eins steht fest: Das Sich-Überwinden geht in der Gruppe leichter. Während sie spricht, blickt sie immer wieder über ihre Schulter, wie weit die anderen sind – denn die Winterbader beginnen ihr Bad immer zusammen.

Kurz darauf hört man ein dreifaches »Eis frei! Eis frei! Eis frei!«, und die Seehunde kommen zum Strand herunter. In den Gesichtern liegt Vorfreude. Es sind die Glückshormone, wie uns die Oberwinterbaderin Christel Barth gerade noch verraten hat.

Das Winterbaden ist seit 1982 als Schwimmsportart offiziell anerkannt. Obwohl, neu ist es ja eigentlich nicht: Schon Goethe und Friedrich der Große sind in Eisseen gestiegen.

Und wer wirklich wissen möchte, wie das geht, sich so richtig gut zu fühlen und dem grauen Berliner Winter eins auszuwischen – der muss, das wird dem Zuschauer schnell klar, es selbst ausprobieren. Viel braucht es dafür ja nicht. Nur Mut!

Lieblingsort Der Pistoriusplatz: »Rund um den Pistoriusplatz liegt ein ganz besonders schönes Viertel, das sich bis zum Weißen See hinzieht. Hier gehe ich besonders gern spazieren.« | **Adresse** 13086 Berlin-Weißensee

18 Christina Weber

Kräuterfee

Sie kennt sie nur zu gut, die ungläubigen Blicke unter den misstrauisch hochgezogenen Augenbrauen. Aber die stören sie schon lange nicht mehr – denn Christina Weber weiß, dass sie im Vorteil ist: Sie kann nämlich beweisen, dass man wirklich fast alles essen kann auf einer grünen Sommerwiese. Und wenn man dann mit ihr zusammen einen Park betritt, dann kommt man nicht weit. Genauer gesagt: nicht weiter als bis auf die erste Wiese. Sie zeigt hierhin und dorthin: Spitzwegerich hilft Wunden zu heilen, Brennnesseln sind köstlich und gesund als Spinat oder Suppe, oder man isst einfach ein eingerolltes Blatt zwischendurch, sagt sie und kaut genüsslich die gemiedene Pflanze. Weiter geht es: Schafgarbe ist blutstillend, man kann sie auch essen, Rotklee ist immunstärkend und enthält pflanzliches Östrogen, ist also gut für Frauen, die schwanger werden wollen oder in den Wechseljahren sind – Gänseblümchen in Honig eingelegt sind ein unverzichtbarer Hustenlöser im Winter, und hier: ein oder zwei Blättchen dieser kleinen Vogelmiere sind gesünder als ein ganzer Salatkopf. Schon nach wenigen Schritten raucht einem der Kopf, und man muss zugeben: Christina Weber hatte recht.

Es gibt unzählige Bücher über Wildkräuter, aber die, sagt Christina Weber und legt ein paar Blätter in ihren großen Korb, bringen einen nicht weiter. Man muss die Kräuter kennenlernen. Sie selbst nimmt sich jedes Jahr zwei neue Pflanzen vor. Die sammelt sie, trocknet sie und stellt Tinktur, Tee oder Sirup aus ihnen her.

Früher einmal hat Christina Weber in einer Bank gearbeitet. Aber dann hat sie irgendwann im Urlaub eine Aromatherapie-Ausbildung gemacht – und wusste mit einem Mal, was ihr immer gefehlt hatte.

»Es ist ein Geschenk, das man immer wieder neu entdecken kann« – dieser Satz bleibt einem im Kopf und wird von nun an immer wieder auftauchen, wenn man ganz unvermutet auf Wegerich, Kamille oder Sauerampfer stößt.

19__Christine Fischer-Defoy
Schweigenbrecherin

Es war allgegenwärtig. Sie erinnert sich an dieses Schweigen aus ihrer Kindheit als etwas ungeheuer Großes und Bedrückendes. Ihr einer Großvater war Jude und hatte den Holocaust überlebt, ihr anderer Großvater war Nationalsozialist. Aber gesprochen wurde darüber nie.

Und später war es vielleicht genau das, was sie angetrieben hat, überlegt sie laut. Sie studierte, wurde Lehrerin – aber eigentlich ging es ihr immer darum, dieses Tabu zu brechen. Sie war in linken Gruppen aktiv, bekam Berufsverbot und promovierte über Widerstandsbewegungen im Dritten Reich. Doch für Christine Fischer-Defoy war klar, dass es nicht nur theoretisch geht: Es musste auch in der Öffentlichkeit ein Erinnern und ein Begegnen möglich werden.

Das Gestapo-Gelände war über die Jahre aus der Erinnerung verschwunden, zumindest im Berliner Stadtbild. Es lag direkt an der Mauer, war Brache, Geröllhalde, Niemandsland. Christine Fischer-Defoy und der von ihr mitgegründete Verein »Aktives Museum« wollten diesen Ort zum Denk-Ort machen. Alle sollten erfahren, dass hier unter der Erde die Ruinen der Zellen lagen, in denen die Gestapo ihre Gefangenen eingesperrt hatte. Es war ein Ort, der für viele Menschen das ganze Grauen dieser Zeit darstellte. Aber der Westberliner Senat hielt nicht viel von der Idee, und schon gar nicht davon, die Umsetzung zu finanzieren.

Und so organisierte Christine Fischer-Defoy am 5. Mai 1985 zusammen mit Überlebenden eine Ausgrabung vor Ort. Die Aufforderung war eindeutig: Grabt dort, wo ihr steht! Stellt euch dem Unrecht der Vergangenheit! Fragt nach, was wo passiert ist!

Heute ist die »Topographie des Terrors« ein Ort, der einlädt nachzufragen. Das Murmeln und Raunen in den vielen verschiedenen Sprachen, das den ganzen Raum des Dokumentationszentrums erfüllt, ist der schönste Beweis dafür, dass das Schweigen inzwischen gebrochen ist.

DAUERAUSSTELLUNG

TOPOGRAPHI

DES

TERRORS

EINTRITT | ADMISSION

20__Ciarán Fahey
Entdecker

Es gibt diesen einen Moment, sagt Ciarán Fahey, der ist magisch. Es ist der Augenblick, wenn man es geschafft hat. »Man könnte sagen, dass wir einen Kampf austragen, das Gebäude und ich«, erklärt der Ire, der seit 2008 in Berlin lebt. Und wenn man schließlich einen Durchschlupf gefunden hat und drinsteht – dann ist es jedes Mal wieder da, dieses Hochgefühl. Dann hat man gewonnen.

Aber alles, was danach kommt, ist nicht mehr Kräftemessen. Denn dann beginnt die Annäherung. Es ist so, als ob man erst eine Prüfung bestehen muss für die Aufgabe, die dann folgt: den Ort aus dem Vergessen zurückholen, einzelne Spuren vergangener Zeiten freilegen und Stück für Stück die Geschichte des Ortes wieder zusammenfügen.

Ciarán Fahey bleibt angenehm unaufgeregt, wenn er von den Heilstätten, den Fabriken und alten Industrieanlagen erzählt, die er schon ausgekundschaftet hat. Aber seine Augen leuchten dabei, und man merkt, wie man selbst immer mehr angesteckt wird. »Das ist das echte Berlin«, sagt er – und fügt hinzu: »Man muss es erst suchen.« Das ist vielleicht auch der Grund, warum Ciarán Fahey auf seiner Europareise nicht sehr viel weiter gekommen ist als bis Berlin. Eigentlich hatte er sich nie für verlassene Orte interessiert – bis er vor dem alten Spreepark mit seinem gewaltigen Riesenrad stand und an den umgekippten Dinosauriern vorbeispaziert ist.

Die Bilder von seinen Touren stellt der Sportjournalist in seinen Blog. Im Gegensatz zu anderen Bloggern schreibt Ciarán Fahey auch die Adressen und Wegbeschreibungen mit dazu. Die Stadt verändert sich so schnell, sagt er. Den Orten bleibt oft nur eine sehr kurze Zeit in diesem Zustand, den er selbst als perfekt bezeichnet: Halb verfallen und von der Natur überwuchert bewahren sie ihre Vergangenheit – und die Geschichte dieser Stadt. Da sollen doch alle die Möglichkeit haben, diesen Zauber zu erleben, oder?

Lieblingsort Der Spreepark: »Meine ›erste Liebe‹ – hier hat alles angefangen. Und auch wenn die Dinosaurier und alten Karussells irgendwann aus dem Plänterwald verschwinden – in meinem Herzen werden sie immer bleiben.« **| Adresse** Kiehnwerderallee 1–3, 12437 Berlin-Treptow. Weitere Informationen unter: www.berliner-spreepark.de

21_Constanze Behrends
Dialektjongleuse

Der Wedding ist direkt, nicht unnötig kompliziert, auf den Punkt, auch mal voll auf die Zwölf, aber eben auch herzlich und natürlich witzig. Constanze Behrends hält inne, überlegt kurz und sagt beinahe ein bisschen überrascht: Und so bin ich auch! Vielleicht ist sie aber auch immer mehr zur Weddingerin geworden. Schließlich zog sie, als sie nach Berlin kam, in das damals überhaupt nicht angesagte Viertel – und fühlte sich sofort wohl. Sie studierte Schauspiel und fand heraus, dass es in dem fast größten Bezirk der Stadt nicht ein einziges Theater gab. Das konnte sie gar nicht glauben – denn hier liegen die Geschichten ja direkt vor einem auf der Straße. »Wäre dies ein Fußballspiel, dann würde Wedding die Bälle nur so hinlegen!« Wie zum Beispiel das Sonnenstudio um die Ecke, das auch gleichzeitig Bäcker und Hotdog-Laden ist. »Da muss man doch was draus machen!«

Und elf Jahre später sitzt Constanze Behrends im Foyer des »Prime Time Theaters« in den Proben für die 100. Folge der von ihr ins Leben gerufenen Theater-Sitcom »Gutes Wedding, schlechtes Wedding«.

Genauso wie in bisher jeder Folge geht es auch im Jubiläum vor allem um das eine: Die Weddinger Sicht auf die Dinge. Denn eigentlich, sagt sie, ist der Wedding viel mehr als ein Ort. Die Geschichten, die sie erzählen, fordern jeden auf: »Entdecke den Weddinger in dir!« Und wenn in dieser Folge die Existenz von Ahmeds Dönerbude bedroht ist, dann halten alle zusammen, und zwar grenz-, dialekt- und metierübergreifend: Der schwäbische Sexualkundelehrer Üwele, Orkan und Taifun aus Kreuzberg, der lispelnde Postbote Kalle, die Kiezschlampe Sabrina und sogar die Öko-Prenzlwichser! Die Underdogs mit ihrem breiten Dialekt sind hier die Helden. Und am Ende – das immer ein gutes ist hier im Wedding – ist das, was jeder mit auf den Weg bekommt, vor allem eine Lektion im Über-sich-selbst-Lachen. Und das schadet schließlich nie.

Lieblingsort Der Wunschbaum: »Wenn man von der Bötzowstraße aus in den Friedrichs-hain kommt, dann steht man schon bald direkt davor: An seinen Zweigen hängen unzählige kleine Zettel und Bildchen an bunten Bändern. Ich habe auch schon ein paar Wünsche hineingehängt.« | **Adresse** Volkspark Friedrichshain, Eingang Bötzowstraße, 10407 Berlin-Friedrichshain

22 Didi und Stulle

Urkeulen

Den Berliner zu verstehen fällt oft nicht leicht. Denn was den Berliner vor allen Dingen auszeichnet: Er möchte gar nicht verstanden werden oder gefallen oder sogar interessant rüberkommen. Manch Zugereister findet sogar: Der Berliner macht es einem schwer.

Aber zum Glück gibt es ja Didi und Stulle: »Didi, altit Teppichluda! Wat jeht ab?« – »Na nischt.« Die beiden ungleichen Freunde, die mit gutbürgerlichem Namen Dieter Kolenda und Andreas Stullkowski heißen, stolpern so unbedarft und unempfindsam, wie man es sich nur vorstellen kann, durchs Leben. Und egal, ob sie auf dem Mars landen, in Saint-Tropez vorbeischneien oder eben an der Imbissbude um die Ecke zusammentreffen – Didi und Stulle, die beiden liebenswerten Urproleten, die grobschlächtigsten Perverslinge der Welt und zu Tode beleidigten Knalltüten – sie bleiben sich treu. Und dafür lieben wir sie. Denn immer, wenn man gerade denkt, jetzt hat man verstanden: Didi also wieder, der Grobian vor dem Herrn, der Stulle gnadenlos reinlegt und ihm hinterher noch eins überbrät, dann, ja dann ist es auf einmal derselbe Didi, der da steht und über den Sinn des Lebens philosophiert: »Aba für uns sieht et übel aus, Kumpel: Verschollen im All nennt man dit wohl (…) Es gibt keene Lösung. Soll ick dir erklärn, wie ick druff jekommen bin? Also erstens: WELTALL, Alta, is keen Ort, wo man ne Chance hat. Zweitens: Unsa Sauerstoff is begrenzt, und drittens, Alta: WELTALL, faschtehste?!? Welt-fucking-All, Keule: Da kommste vielleicht rin, aber raus kommste da nich.«

Es gibt wohl keine gelungenere Annäherung an das Berlinerische. Zum Beispiel das kleine Wort dô. Das kann man nicht oft genug laut üben. Oder vielleicht doch besser im ganzen Satz aufsagen: »Ey, dit darf dô echt ma wieda né wahr sein!« Und übrigens: Falls ihr es noch nicht wusstet: Auch Gott himself balinat.

Danke Didi, danke Stulle, danke Fil.

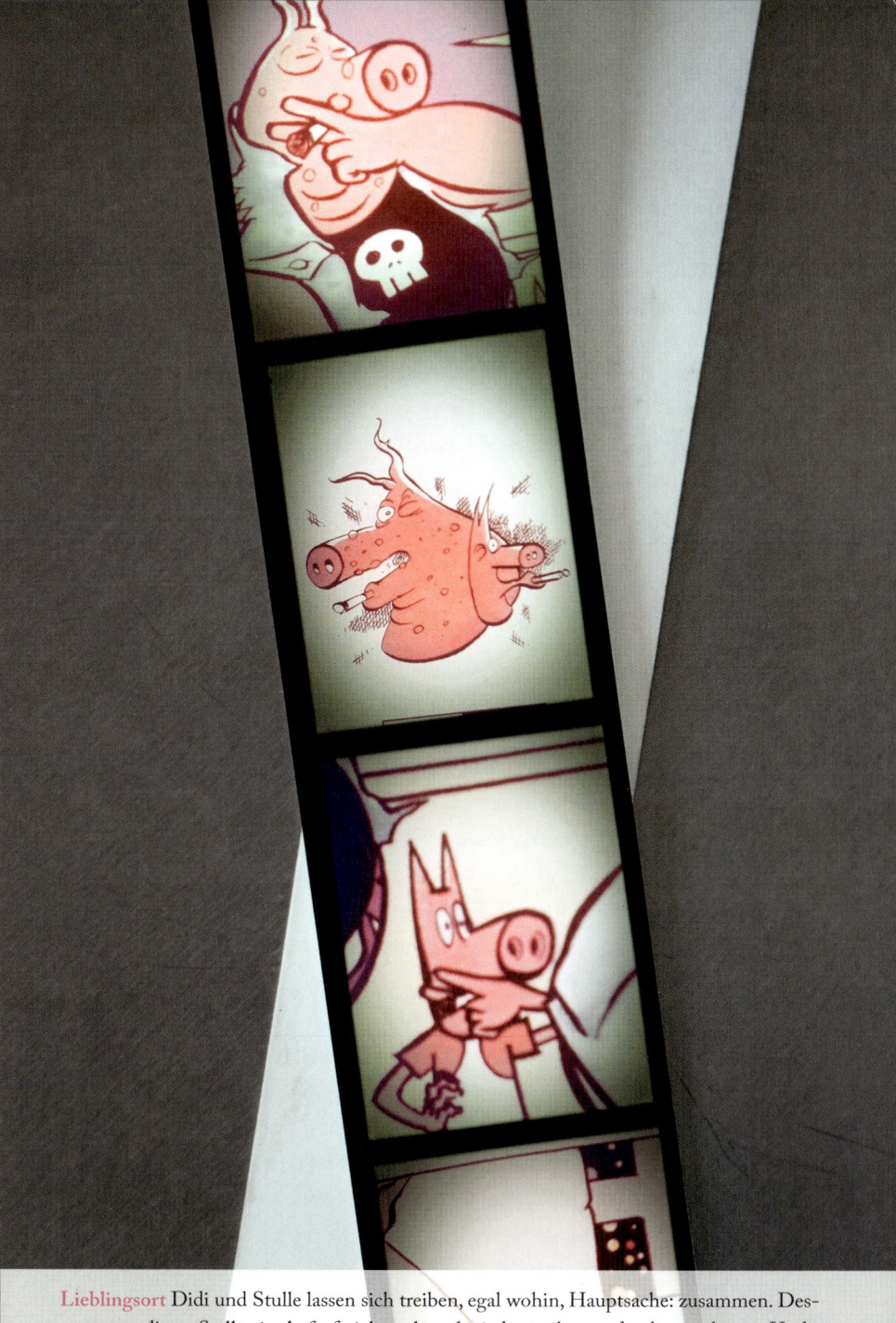

Lieblingsort Didi und Stulle lassen sich treiben, egal wohin, Hauptsache: zusammen. Deswegen an dieser Stelle ein Aufruf, sich auch mal wieder treiben und gehen zu lassen. Und am besten so, wie Didi und Stulle es vormachen: zu zweit! Dann gibt's auch Zündstoff!

23 Dimitri Hegemann
Subkulturbotschafter

Man muss gar nicht lange nach ihnen suchen. Sie sind mitten unter uns und warten darauf, entdeckt zu werden. Natürlich, damals nach der Wende gab es unzählige Freiräume in Berlin. Und in ebenso einem, nämlich in dem leer stehenden Kaufhaus am Potsdamer Platz, hat Dimitri Hegemann mit Freunden dann den »Tresor« eröffnet. Die Clubs waren es auch, die dann die Menschen von überallher nach Berlin lockten. Und sie tun es bis heute. »Weil die Stadt eben so leuchtet.« Dimitri Hegemann hält kurz inne, und wenn er dann fortfährt in seiner angenehm unaufgeregten Art, dann klingt es wie eine längst überfällige Liebeserklärung an die Nacht, an Berlin, an die Euphorie, an die Musik und das Tanzen.

Aber dann kommt er wieder auf seine Mission zurück. Berlin hat ihn geprägt und ihn etwas Entscheidendes gelehrt. Und das möchte er an die Kleinstädte der Umgebung weitergeben. Um Subkultur möglich zu machen, braucht man Freiräume. Undefinierte Räume, die zu Orten werden können, die auch nachts einladend und voller Leben sind. In Schwedt hat sich Dimitri Hegemann mit Jugendlichen getroffen. Die haben sofort gewusst, welchen Raum sie am liebsten übernehmen würden, erzählt er, nämlich den leer stehenden Supermarkt. Und Dimitri Hegemann hat sie ermutigt. Denn wenn man die richtigen Orte wählt, nämlich die, die auch Freiräume im Denken zulassen, dann kann ganz viel entstehen. Etwas mit Seele.

Das erklärt Dimitri Hegemann auch den Bürgermeistern in einer Denkschrift. Sie soll als Wegweiser dienen für die Entscheider, wie sie ihre Städte und Gemeinden lebenswert gestalten für junge Kreative und allgemein verbreitete Ängste vor Querdenkern und Nonkonformisten auflösen. Man kann die Nacht ja nicht einfach per Sperrstunde ausblenden. Das führt nur dazu, dass die Jungen wegziehen.

Und wer könnte mit dieser Botschaft besser durch das Land ziehen als Dimitri Hegemann?

Lieblingsort Eiszeit-Kino: »Ich liebe kleine Kinos. Das Eiszeit-Kino hat mich über die Jahre hinweg begleitet. Dort kann man auch in Vorstellungen gehen, ohne vorher zu wissen, welcher Film läuft.« | **Adresse** Zeughofstraße 20, 10997 Berlin-Kreuzberg

24__Doreen Kutzke
Jodellehrerin

Wer jodelt, tut dies einfach drauflos. Es gibt keinen Text und auch nicht das Loriot'sche zweite Futur bei Sonnenaufgang. Aber beliebig ist das Jodeln nie. Das wird schnell klar, wenn Doreen Kutzke mit ihrer Zither in den Armen im fünften Stock über Kreuzbergs Dächern tief Luft holt – und ihre Stimme überschlagen lässt. Es berührt einen sofort, mit unerwarteter Wucht. Wahrscheinlich, weil man direkt neben ihr steht und nicht auf der nächsten Bergkuppe. Zuerst durchströmt einen eine unaussprechliche Freude oder besser gesagt: zum Himmel schreiende und alles erfüllende Lebenslust – und im nächsten Moment erwischt einen das andere Extrem ohne Vorankündigung: eine unfassbare Melancholie und Trauer. Und es stimmt: Worte sind hierbei vollkommen überflüssig.

Im Harz, dort, wo Doreen Kutzke herkommt, ist es mehr ein Holla-la-hodi, während in Bayern mehr ein Juhahu oft in Verbindung mit einem Djo erklingt. Aber eigentlich gibt es das Jodeln auf der ganzen Welt: Ein Ruf, der in den Bergregionen lange Strecken überwinden muss, bedient sich nämlich fast überall der gleichen Technik: Die Stimme bricht und überschlägt sich. Und warum eigentlich soll das nur für die Berge gelten?, dachte sich Doreen Kutzke und eröffnete in Berlin eine Jodelschule.

Denn seit sie mehr durch Zufall als Kind in eine Jodelgruppe kam, kann sie nicht mehr damit aufhören. Sie setzt es beim Musizieren ein, jodelt zu Hip-Hop, improvisiert beim Plattenauflegen oder nimmt Jodler-Loops auf. Aber es ist noch mehr: Man kann sich abreagieren! Viele Schüler von Doreen Kutzke kommen genau deswegen zum Unterricht. Denn die erste Regel beim Jodeln ist: Nicht nachdenken, einfach rauslassen! Etwas Vergleichbares gibt es in Flachlandregionen eigentlich nicht. Vielleicht am ehesten noch das Grölen im Fußballstadion, überlegt Doreen Kutzke laut. Zum Glück gibt es nun auch in Berlin eine Alternative!

Lieblingsort Der Grunewaldturm: »Ich liebe diesen Ort als Ziel nach einem Spaziergang an der Havel: Man kann ganz toll von oben runterjodeln!« | **Adresse** Havelchaussee 61, 14193 Berlin-Charlottenburg

25_ Doris Syrbe

Hausbesetzerin

Die Nummer 10 fällt aus der Reihe. Während die anderen Villen in der Gegend einen neuen Anstrich bekommen haben oder modernen Architekturen weichen mussten, liegt dieses Haus still und ein wenig verborgen mitten in seinem verwunschenen Garten. Aber in seinem Inneren geht es ganz und gar nicht still zu: Es ist erfüllt von emsigem Kaffeetassengeklapper und fröhlichem Stimmengewirr.

Und das ist Doris Syrbe und ihren Mitstreiterinnen zu verdanken. Die Seniorenfreizeitstätte in der Stillen Straße sollte geschlossen werden. Das war 2012. Inzwischen hat die 76-Jährige Routine darin, von den Ereignissen in diesem Sommer zu berichten. Wenn sie heute erzählt: »Wir haben gesagt: Wir lassen uns hier nicht rausschmeißen«, dann sagt sie es mit Nachdruck. Doch damals in jenem Sommer wusste sie gar nicht, auf was sie sich einlässt. »Für uns war das ja ganz neu. Als ehemalige DDR-Bürger kannten wir so etwas nicht.« Aber dann machten die Damen aus der Stillen Straße Ernst: Mit Wechselwäsche für zwei Tage in ihren Taschen bezogen sie ein provisorisches Matratzenlager im ersten Stock. Es wurden 112 Tage und Nächte daraus. Natürlich im Schichtbetrieb. »Wir haben gemerkt«, erinnert sich Doris Syrbe, »dass wir was erreichen können.« Und das hat gutgetan. Denn verloren hatten sie schon oft genug. Als die Wende kam, waren die meisten aus ihrer Generation zu alt für einen Neuanfang – und so verlor einer nach dem anderen seine Arbeit. Aber mit der Stillen Straße haben sie sich dann etwas aufgebaut. In der Villa treffen sich bis zu 300 Menschen zu Computerkursen, Malstunden und vor allem: zu gemeinsamen Ausflügen.

Und auch wenn noch nicht endgültig geklärt ist, wie der neue Förderverein die Nummer 10 finanzieren kann: »Eins steht fest«, sagt Doris Syrbe, ohne den Stolz in ihrer Stimme verbergen zu können: »Wir lassen uns jetzt nicht mehr alles gefallen.«

Lieblingsort Der Schlosspark Schönhausen: »Ich gehe gern in den Park mit seinen schönen alten Bäumen, setze mich auf eine Bank, beobachte die Menschen – und denke mir meinen Teil.« | **Adresse** Tschaikowskistraße 1, 13156 Berlin-Pankow

26__ Eberhardt Franke

Orgel-Ebi

Die Knickerbockers, die Fliege, die Schiebermütze – das gehört zum Auftritt dazu, wenn Eberhardt Franke mit seinem Leierkasten loszieht. Aber wenn man sich mit ihm unterhält, dann merkt man schon bald, dass es ihm um mehr geht. Denn Orgel-Ebi spielt die alten Berliner Straßenschlager nicht für das Geld, das in der kleinen Holzdose landet. Es macht ihm einfach Spaß. Und noch wichtiger: Er möchte dieses Stück Berliner Tradition weitergeben. »Durch Berlin fließt immer noch die Spree« spielt die verzierte Orgel und erfüllt im selben Augenblick den gesamten Gehsteig mit einer ansteckend guten Stimmung. Orgel-Ebi winkt einem Kind zu, das Kind dreht sich noch mehrmals im Vorbeilaufen um, bis es dann, bevor es schon fast verschwunden ist, noch kurz zurückwinkt. Orgel-Ebi strahlt, aus dem Leierkasten kommt: »Die kleine Bank am großen Stern, die hab ich lieb, die hab ich gern«, und Orgel-Ebi wird von drei Kameras gleichzeitig fotografiert. »Dit jehört einfach zu Berlin«, sagt er und fügt mit einer ausladenden Handbewegung hinzu: »Dit Janze hier.«

Irgendwann im Jahr 1980 war das, erinnert sich der 85-Jährige, da habe er im »Heini Holl« den Leierkastenmann am Tresen abgelöst – und kam gut an. Man braucht ja nicht nur einen ausdauernden Arm, um die Kurbel zu drehen, erklärt er, man muss nämlich auch gut sein im »dämlich Quatschen«. Orgel-Ebi lacht wieder sein ansteckendes Lachen.

Er selbst kann sich noch erinnern, wie die Leierkastenmänner einst durch die Hinterhöfe gezogen sind. Damals, nach dem Ersten Weltkrieg, hatte der Kaiser die Idee gehabt, Drehorgeln an die versehrten heimgekehrten Soldaten zu vermieten. So konnten die Männer, die keine Arbeit mehr fanden, Geld verdienen – und gleichzeitig den Menschen in den Mietshäusern von Zeit zu Zeit eine kleine Pause und ein bisschen gute Laune verschaffen.

Das würde der Stadt heute eigentlich auch guttun.

Lieblingsort Der Klops: »Dit is 'n juter Platz für mich und meene Orjel: Da is ordentlich wat los, da isset international, die Leute loofen zum KaDeWe runta – und denn kommen Se ooch wieder ruff …« | **Adresse** Breitscheidplatz, 10789 Berlin-Charlottenburg

27 Edicson Ruiz

Der mit dem Bass tanzt

Wenn er den Bogen über die Saiten führt, sich vornüberbeugt, um die Griffe am langen Hals entlang zu setzen, beginnt er sich gemeinsam mit dem runden Körper des Instruments hin und her zu wiegen wie im Tanz. Es ist ein einstudiertes Miteinander, ein gegenseitiges Führen und Sich-leiten-Lassen.

Eigentlich kam Berlin zu früh für ihn, sagt Edicson Ruiz. Er war 17 Jahre alt, als er die Aufnahmeprüfung für die Philharmonie bestand und von Caracas nach Berlin zog. Es war eine Riesenchance, eine große Ehre natürlich auch, als jüngstes Mitglied bei den Philharmonikern zu spielen – aber menschlich war es eine Herausforderung, für die er viele Jahre gebraucht hat. Und noch dazu in einem Land, in dem fast nie die Sonne scheint. »Es kam mir lange Zeit wie eine Strafe vor«, sagt er und blinzelt in die trübe Juni-Sonne, so, als fordere er sie auch heute noch heraus. Doch die Musik hat ihm dabei geholfen. Vor allem die, wie er sie nennt, magischen Augenblicke. Die Momente nämlich, wenn man ganz eingetaucht ist in die Musik – und plötzlich nicht länger mit den Füßen auf dem Boden steht, sondern zu schweben, ja zu fliegen beginnt. »Schwer zu beschreiben«, erklärt der Venezolaner, »aber es ist: einfach scharf.« Und natürlich die Konzerte. Denn sie sind ganz klar die Höhepunkte. Das ganze Orchester muss diese enorm große Erwartung tragen, sie füllt die ganze Philharmonie aus bis unter die Decke. »Es ist …« – Edicson Ruiz lässt sich Zeit, um nach dem richtigen Wort zu suchen, und dann hat er es und strahlt: »Es ist eine Heldentat!«

Und dann wäre da noch seine persönliche Mission: den Kontrabass von seinem ewigen Begleitinstrumentendasein zu erlösen. Der Bass war lange Zeit nicht vorgesehen als Soloinstrument. Aber das will Edicson Ruiz ändern. Und schon der nächste Tanz im Foyer der Philharmonie beweist es: Ein Bass kann mehr als im Hintergrund brummen: Er kann verzaubern.

Lieblingsort Die Steinausstellung: »Der rote Stein stammt aus Venezuela, meiner Heimat. Die Ureinwohner sagen, es ist die Göttin der Liebe. Jedes Mal wenn ich dort bin, umarme ich den Stein – damit ich die Liebe im Herzen bewahre.« | **Adresse** Global Stone Project im Tiergarten, Ahornsteig, 10785 Berlin-Tiergarten

28 Egon Brandstetter

Bodybuilder

Als er von Wien über Paris nach Berlin kam, hatte er noch genau: 60 Euro. Also tat er das, was die meisten tun, wenn sie in Berlin anfangen: Er verkaufte seine Arbeit weit unter Wert. Und heute, sieben Jahre später, steht er in seinem Laden für Herrenmaßschneiderei in Berlin-Mitte, und auf dem Schaufensterglas steht in großen Aufkleber-Buchstaben sein Name. Sich eine Stadt wie Berlin zu erobern ist harte Arbeit. Aber Egon Brandstetter war sich von Anfang an sicher, dass er es schaffen würde. Denn er kann nähen.

Aber nicht nur das. Ein maßgeschneiderter Anzug ist schließlich nicht allein gut verarbeitete Kleidung aus teurem Gewebe: Er ist ein Kunststück. Jeder Anzug muss perfekt passen, ja mehr noch: Er muss perfekt kleiden. Während Egon Brandstetter spricht, schneidet er mit einer großen Schere den karierten Stoff vor sich auf dem Tisch zurecht. Das macht rrrtsch, rrrtsch, rrrtsch. Perfekt ist ein Anzug immer nur für den einen Menschen, der ihn trägt, erklärt er weiter. Denn er muss den Bauch verdecken, die zu breiten Schultern tarieren und den zu langen Oberkörper ausgleichen. »Es ist gar nicht so einfach zu erklären«, sagt Egon Brandstetter, während er weiterschneidet, immer an den vorgezeichneten Linien entlang. »Vielleicht geht es so: Im Grunde tue ich die Arbeit eines Bildhauers, ich muss mit Stoff und Schnitt den Körper des Kunden formen – und dann Stich für Stich diese Figur festhalten.«

Am Ende wird klar, dass die Anzüge, die hier an der Wand hängen und auf die nächste Anprobe warten, viel mehr sind als zurechtgeschneiderte Maße: Sie sind das Ergebnis von gut überlegten Vorschlägen, psychologischen Manövern, stundenlangem Anhalten und Feststecken und vielen Tausenden Nadelstichen mit der Hand. Vertrauen spielt hier eine nicht unerhebliche Rolle. Und das ist es dann auch, was sie erhaben macht über die Mode mit ihren flüchtigen Trends.

Lieblingsort Der Leise-Park: »Dieser verwilderte Friedhof ist symbolisch für diese Stadt. Hier prallen die verschiedenen Zeiten aufeinander: Man steht zwischen alten Gräbern und sieht durch die wild gewachsenen Bäume die Plattenbauten auf der einen und die Altbauten auf der anderen Seite.« | **Adresse** Heinrich-Roller-Straße 24, 10405 Berlin-Prenzlauer Berg

29 __ Erika Mayr

Bienenkönigin

Der Weg nach oben ist mühsam an heißen Tagen wie diesen. Erika Mayr trägt die schwer bepackte Sackkarre mit ihrer Ausrüstung die letzten Stufen hoch. Es hat Ärger gegeben mit dem Schlüssel, und dann war auch noch der Lastenaufzug blockiert. Doch als sie schließlich die alte, verrostete Stahltür ganz oben im Treppenhaus öffnet und hinaustritt auf die heiße Dachpappe, hinein in die Weiten des Himmels, fällt sichtbar jede Spannung von ihr ab. Sie lacht erleichtert auf: »Und das ist es eben: Hier oben beginnt eine andere Welt. Hier zählt nur noch eins: Meine Bienen.«

Erika Mayr war eine der Ersten, die diese gut versteckte Parallelwelt in der Stadt entdeckt haben. Das war vor sieben Jahren, noch bevor Stadt-Bienen zum Trend wurden. Sie fuhr damals in die Schrebergärten zum Imkerverein, bestehend aus sechs schon recht betagten Mitgliedern – und war beeindruckt. »Dieser Frieden, diese Ruhe – das wollte ich auch!«

Und dann hat Erika Mayr einen Ort gefunden, an dem die Bienen auch in der Stadt ungestört sein können: oben auf den Dächern. Es ist zwar eine Herausforderung für die Tiere, weil es hier oben ständig windig ist und Blüten und Wasser weiter entfernt sind – aber Bienen, so Erika Mayr, sind ja Luftwesen, hier können sie dem Himmel ganz nah sein. Und das Beste daran sei, dass man die Stadt nutzen kann für landwirtschaftliche Erträge.

Die Imkerin wendet sich jetzt ihren Völkern zu. Sie öffnet die Deckel des ersten Hauses und zieht die Rähmchen mit den Waben vorsichtig heraus. Sie arbeitet zügig und ist hoch konzentriert. Aber hin und wieder hört man sie begeistert aufrufen, zum Beispiel, wenn sie die Königin entdeckt hat oder Brut findet. »Ha, der Wahnsinn! Hier schlüpft gerade eine!« Und wenn man ihr so zuguckt, versteht man plötzlich und möchte am liebsten mithüpfen vor lauter Entzückung über diese Wunderdinger von Bienen!

Lieblingsort Das Georg-Kolbe-Museum: »Ein schöner und zeitloser Ort mit wunder-
vollen Skulpturen inmitten von Kiefern und Rhododendren – nicht perfekt und ein
bisschen vergessen, so am Rande der Stadt, aber auf jeden Fall eine Entdeckung.« |
Adresse Sensburger Allee 25, 14055 Berlin-Charlottenburg

30__ Erika Rabau
Shootingstar

Alle sind in Position, die Kameras eingestellt, die Objektive auf die hellblaue Berlinale-Wand gerichtet. Es herrscht konzentrierte Stille auf den Bänken. Dann tritt Wim Wenders durch die kleine Seitentür. Und es geht los: An die 50 Presse-Fotografen aus aller Welt rufen seinen Namen, erst noch ein wenig zaghaft: »Herr Wenders, hier, einmal rechts bitte!«, dann dringlicher: »Wenders – hier rüber!«, bis dann am Ende alle, die noch keinen Blick des Regisseurs mit ihrer Linse einfangen konnten, geradezu verzweifelt »WENDERS!« brüllen.

Da hebt sich in der ansteigenden Hysterie ganz vorne links eine kleine, zarte Hand in die Höhe. Wim Wenders registriert die Bewegung aus dem Augenwinkel, er verlässt seinen Platz vor der Foto-Wand, ignoriert die zorniger werdenden Rufe der anderen Fotografen in seinem Rücken und stellt sich direkt vor die Hand, eine Minute, zwei Minuten, dann ein freundschaftliches Lächeln, ein Nicken – und Wim Wenders verschwindet wieder durch die Tür.

Die Hand gehört Erika Rabau. Sie ist seit über 40 Jahren die offizielle Berlinale-Fotografin. Sie wirkt so zerbrechlich, dass man sie am liebsten beschützen möchte in diesem rücksichtslosen Gedränge der Filmfestspiele. Aber nach einer Weile merkt man, es ist vielmehr umgekehrt: Alle scheinen Rücksicht auf sie zu nehmen, jeder hat ein Lächeln für sie übrig, ein freundschaftliches Nicken, eine Berührung an der Schulter. Gestern war sie noch bis vier Uhr morgens auf einer Film-Party in Clärchens Ballhaus. »Die Berlinale ist mein Leben«, sagt sie, und sie klingt zufrieden. Und die Berlinale, so viel steht fest, braucht Erika Rabau. Nicht nur ihre Fotos, sondern auch ihre liebenswert schrullige und ungemein lässige Art, die so wohltuend im Kontrast steht zu dem aufgeregten Aufmerksamkeitsgeheische rundherum, gehört zu den Berliner Filmfestspielen wie der rote Teppich und die Berlinale-Tasche.

Lieblingsort Der Yachthafen: »Ich bin eine leidenschaftliche Seglerin. Früher dachte ich immer: Ich kann nur in einer Hafenstadt leben. Dann habe ich gemerkt: Berlin ist eine Hafenstadt!« | **Adresse** Scharfe Lanke 109–131, 13595 Berlin-Spandau

31 __ Fabian von Wachsmann
Einheizer

Dieser Moment, bevor sich das Stadion füllt, wenn kaum merkbar der Nebel von der feuchten Wiese aufsteigt und die Nachmittagssonne das runde Oval in goldenes Licht taucht, dieser Moment, sagt er, ist schon ein bisschen magisch. »Da ist dann dieses Kribbeln«, Fabian von Wachsmann blickt sich um. Er kostet diese Minuten voll aus, denn gleich, wenn die Zuschauer in das Olympiastadion strömen, dann ist er dran. Er ist der Stadionsprecher von Hertha BSC. Er ist derjenige, der den Fans ordentlich Feuer macht, wie er selbst sagt. Und jetzt geht es los. Die hereinströmende Menschenmasse fädelt sich in die einzelnen Reihen ein. Die Stimmung der 50.000: erwartungsvoll. Der Spannungshöhepunkt nähert sich, jetzt gibt Fabian von Wachsmann die Aufstellung bekannt, jeder Name wird aus der Ostkurve mit einem anschwellenden Getöse quittiert. Dann kommt das, wofür er seit 20 Jahren mit seiner Stimme bekannt ist: Maaaaacht euch bereit für Herthaaaaaa! B!S!C!

Das macht Gänsehaut und Kribbeln im Bauch. Die Spieler laufen aufs Feld, das Spiel beginnt – und Fabian von Wachsmann lehnt sich auf seinem Platz neben dem Spielfeld zurück. So einer großen Menschenmasse gegenüberzutreten und immer die richtigen Worte zu finden ist für ihn immer noch so aufregend wie beim ersten Mal, hat er gesagt. Aber, und das war ihm wichtig, bei aller Euphorie darf man nie vergessen, welche historische Rolle das Olympiastadion gespielt hat.

Für ihn sei immer noch das Beste daran, so nah dran sein zu dürfen am Fußball. Und wenn dann mal ein Spiel schlecht gelaufen ist und ihm am Ende selbst die Worte fehlen und er trotzdem allen Fans Mut zusprechen muss für das nächste Spiel – dann spricht er zu ihnen an erster Stelle als echter Hertha-Fan. Und das ist es dann auch, was dieser minutiös durchgeplanten Show im Olympiastadion bei aller Professionalität das nötige Herzblut gibt.

Lieblingsort Das Strandbad Wannsee: »Mit diesem Ort verbinde ich meine frühesten Kindheitserinnerungen. Ich war dort jeden Sommer. Und das ist eigentlich bis heute noch so.« | **Adresse** Wannseebadweg 25, 14129 Berlin-Nikolassee

32 Fadhumo Musa

Aktiviererin

Sie ist in einer Sache unterwegs, die es ihr kaum erlaubt, zur Ruhe zu kommen. »Es treibt mich an«, sagt sie, »und zwar seit ich 2014 nach Deutschland gekommen bin: Es müssen mehr Möglichkeiten geschaffen werden für Begegnungen. Deutsche und Flüchtlinge können und müssen voneinander lernen«, da ist sich die Somalierin sicher. Und deshalb geht sie dorthin, wo die Schnittstellen sind – und motiviert beide Seiten, aktiv zu werden. Es geht so langsam vorwärts in Deutschland, sagt die 25-Jährige. Sie hingegen ist Tempo, sie ist Anklägerin und Anschieberin in einem. Man muss sich anstrengen, um nicht abgehängt zu werden.

Jetzt gerade organisiert Fadhumo Musa eine Veranstaltung in einer Flüchtlingsunterkunft im Berliner Umland. Sie wird mit Berlinern dorthin fahren und mit den Menschen aus dem Heim in das Dorf gehen. Dort wollen sie die Brandenburger ansprechen und sie einladen, mit ihnen gemeinsam ein Fest zu feiern. Und deshalb muss Fadhumo Musa jetzt die Mitfahrgelegenheiten organisieren, die Geschenke, das Essen, die Band und die Blumen. Große Blumen sollen es sein, die mitten im trüben November in den Zimmern der Bewohner leuchten sollen! Sie hält inne, nur um zu gucken, ob man noch folgen kann.

Sie war drei Jahre alt, als ihre Eltern mit ihr und den Geschwistern aus dem Bürgerkrieg in Somalia flohen. Und sie hat sich durchgeschlagen, über Umwege, wie die meisten ihrer Landsleute. Sie spricht fließend Englisch, studierte, arbeitete als Beraterin in Kommunen sowie für verschiedene humanitäre Organisationen in afrikanischen Flüchtlingslagern. Und das, sagt sie, ist mein Vorteil. Dass sie anhalten wird, ist vollkommen ausgeschlossen: Sie wurde soeben eingeladen, vor dem Berliner Senat über die Flüchtlingssituation in der Stadt zu sprechen – und in einigen Wochen beginnt sie ihr Praktikum. Bei der Vizepräsidentin des Deutschen Bundestages, Claudia Roth.

Lieblingsort Das Regierungsviertel: »Ich liebe es, dort spazieren zu gehen: Das ist der Ort, an dem Veränderungen gemacht werden können, das ist das Herz der Demokratie – das hoffe ich zumindest!« **| Adresse** Willy-Brandt-Straße, 10557 Berlin-Mitte

33_ Fiona Bennett
Behüterin

Steht man in dem großen weißen Raum inmitten der kunstvoll verzierten Hüte und mondänen Kappen, dann kommt es vor, dass man beobachten kann, wie die Menschen auf der Straße vor der Glasscheibe stehen bleiben, innehalten – und zu träumen beginnen. »Das ist mit das Schönste«, bemerkt Fiona Bennett, »ihnen dabei zuzusehen, wie sie sich fragen: Was könnte ich sein, vielleicht ein Cowboy oder mal ganz elegant oder verwegen oder …?«

Sie selbst war sich schon als Kind sicher, dass sie Künstlerin werden wollte – um die Welt bunter zu machen. Als sie dann die Hüte entdeckte, begann sie eine Lehre bei dem letzten Hutmacher von Westberlin. Die Kundinnen waren die feinen Damen der Inselstadt. Aber es kam durchaus vor, dass sie irgendwo anrufen sollte, um Bescheid zu sagen, dass der bestellte Hut nun fertig sei, und die Auftraggeberin in der Zwischenzeit bereits verstorben war. »Es war total verstaubt. Die ganze Hutmacherei stand im Grunde kurz vor dem Aussterben – da habe ich gewusst: Das will ich machen.« Den letzten Satz ruft sie aus. Denn es ist immer noch ganz klar ihre Mission: Den Deutschen das Hütetragen wieder beizubringen! Dafür braucht es zwei Dinge: Handwerk und Design. Nein, eigentlich drei, verbessert sie sich schnell selbst. Denn Fiona Bennett berät ihre Kunden persönlich: Welche Form ist die passende, welche Farben und welcher Schmuck würden gut stehen? Denn es ist für Fiona Bennett jedes Mal das Gesamtwerk, das zählt. Und dafür ist die Dekoration im Laden genauso wichtig wie nachher die Beratung der Person, die das Kunstwerk und seine Geschichte hinaus in die Welt trägt.

Und wenn man sich umblickt, dann scheint es wirklich, als würden einem die Hüte Mut zuflüstern – und man merkt schon beim Anprobieren, was Fiona Bennett meint, wenn sie sagt – und darin ist sie sich, wie sie noch mal betont, hundertprozentig sicher –: »Hüte können flirten.«

Lieblingsort Der Flohmarkt auf der Straße des 17. Juni: »Dort zu stöbern entspannt und inspiriert mich immer wieder. Und ich mag die Gespräche mit den Händlern, man erfährt jedes Mal Neues.« | **Adresse** Straße des 17. Juni 110−114, 10623 Berlin-Tiergarten

34_ Fiona Brunk

Schulgründerin

Es muss doch auch anders gehen – dieser Gedanke ließ sie irgendwann nicht mehr los. Es war zu der Zeit, als Fiona Brunk während eines Studienprojekts Jugendliche in einer Schule im Wedding begleitete. Nicht selten fiel dort im Lehrerzimmer der Satz: »Mit diesen Schülern geht es eben nicht.« Und dann nahm ein Gedanke immer mehr Gestalt an – bis er irgendwann zu einem Plan wurde. Von da an ließ sich die Mathematikern von niemandem mehr beirren: Es musste eine andere Schulform her! Eine Privatschule für diejenigen, die sich »privat« nicht leisten können. Für Unterschichtler, Hartz-IV-Empfänger, für die, die zu schnell aufgegeben werden. Oder, wie es Fiona Brunk ausdrückt: »Für die Kinder, die Jahr für Jahr weggeschmissen werden.«

Und eine nicht allzu lange Zeit später sitzt die 34-Jährige in einem provisorisch eingerichteten Büro in einem dritten Hinterhof im Wedding. Seit einem Monat besuchen 24 Schülerinnen und Schüler die erste siebte Klasse der »Quinoa-Schule«. Es ist das erste Schulprojekt dieser Art in Deutschland: Besondere, individuelle Bildung für Jugendliche aus einem benachteiligten Stadtbezirk. Für Kinder, deren Eltern tagtäglich bedroht sind von Pfändungen, Obdachlosigkeit oder Abschiebung.

»Es soll niemand mehr zu den Jugendlichen sagen: Aus euch wird ja eh nichts. Es hat keinen Sinn mit euch«, sagt Fiona Brunk. Und wenn sie davon spricht, dann sprüht ein Funke auf. Es ist der Funke, der sie antreibt weiterzumachen: Förderer müssen gefunden werden, Finanzierungsmöglichkeiten probiert und natürlich Schüler, Eltern und Lehrer von dem Konzept überzeugt werden. »Mein Ziel ist es nicht, die ganze Struktur zu ändern – sondern einzelnen Menschen eine Chance zu geben.« Und ohne dass sie es ausspricht, versteht man am Ende: Man muss einfach machen. Dann geht es sehr wohl auch anders. Und die Welt wird ein kleines bisschen gerechter.

Lieblingsort Der Bürgerpark Pankow: »Ich gehe gern vom Wedding aus immer die Panke entlang bis nach Pankow. Man kann dort weit laufen – das ist wie ein kleiner Ausflug raus aus der Stadt und hinein ins Grüne.« | **Adresse** Wilhelm-Kuhr-Straße 9, 10439 Berlin-Pankow

35_ Gerhard Seyfried
Knollennasenbullenerfinder

Er ist keiner, der sich aufdrängt. Man merkt schnell, er möchte viel lieber in Ruhe gelassen werden. Denn nur so kann Gerhard Seyfried ungestört das machen, was er am liebsten macht: beobachten. Das war schon immer so. Als er 1976 nach Westberlin kam, klapperte er die linken Gruppen ab, kam von den Pazifisten über die Trotzkisten zu den Maoisten, bis er schließlich bei den Anarchisten landete, eben weil die, sagt er, einen in Ruhe lassen. Und sofort erscheint vor dem inneren Auge: Zwille, seine bekannteste Figur, ein kleines schwarzes Anarcho-Männchen mit sehr großem Joint in der Hand, das an der Mauer entlangschlendert, knollennasige Polizisten foppt: »Pop Stolizei!« – aber sogleich genauso die langnasigen und zugedröhnten linken Splitter-Fraktionen auflaufen lässt. Jeder aus Westberlin kennt Zwille und seine Freunde. Denn Gerhard Seyfried hat es wie kein anderer geschafft, diese Zeit und ihren Geist festzuhalten und im selben Moment durch eine Überspitzung gnadenlos zu verurteilen.

Comics müssen kindisch sein, erklärt er, mit riesigen Clownsnasen und möglichst viel Blödelei. »Das macht sie so schön, und außerdem«, er hält kurz inne, »ist Humor noch immer eine der besten und schärfsten Waffen überhaupt.« Seyfried ist nicht nur Chronist einer Protestler-Ära – sondern auch selbst durch und durch ein Linker. Dass Widerstand heute nicht mehr angesagt ist, kann er nicht verstehen. Aber das hält ihn nicht davon ab, weiterzumachen. Er schreibt Romane, ist Grafiker und Übersetzer. Beim Durchsehen von Zeichnungen ruft er aus: »Die hier muss aus einem ganz alten Comic sein, da ist ja ein Doppeldecker drauf! Seit fast 30 Jahren zeichne ich nämlich immer Drei-Decker-Busse.« Und er fügt kichernd hinzu: »Und niemand merkt es.«

Das ist der echte Seyfried-Humor, wenn man nicht mehr weiß: Wer wird hier eigentlich gerade von wem auf den Arm genommen?

Lieblingsort Das Café Einstein: »Im Garten an der Kurfürstenstraße gibt es mit das beste Frühstück, das man bekommen kann. Ein Ort für die linke Oberschicht (die es ja eigentlich gar nicht gibt …).« | **Adresse** Kurfürstenstraße 58, 10785 Berlin-Tiergarten

36_Gilles Duhem
Autorität vom Rollberg

Ja, er war auf der Suche nach einer neuen Herausforderung gewesen. Und ja, er hatte von der Rollbergsiedlung gehört. Doch als er 2002 dort das Büro des Quartiersmanagements übernahm, war Gilles Duhem nicht vorbereitet auf das, was ihn dort erwartete: Geld für eine Putzkraft war im Budget nicht vorgesehen, und eine gute Veranstaltung war eine Veranstaltung, auf der man nicht die Polizei rufen musste! Gilles Duhem, Franzose aus der Pariser oberen Mittelschicht, kann es nicht anders in Worte fassen: »Ich war entsetzt.«

Aber er hat sich durchgesetzt, hier auf dem knallharten Rollberg von Neukölln. Das wöchentliche Mittagessen »Mieter kochen für Mieter« zum Beispiel oder das »Netzwerk Schülerhilfe Rollberg«, in dem über 100 Ehrenamtliche aus ganz Berlin den Kindern aus dem Kiez helfen, hat er als Leiter des Vereins »Morus 14« in mühsamer Arbeit und durch unermüdliches Spendensammeln aufgebaut.

Seine Hartnäckigkeit, da ist er sich sicher, war der Schlüssel zum Erfolg. Er hat die Jugendlichen, die mit den gestohlenen Mofas durch das Viertel gebraust sind, bei der Polizei angezeigt, immer wieder. Und wieder. Er hat Kinder, die sich auf Ausflügen schlecht benommen haben, so lange neben seinem Schreibtisch sitzen lassen, bis sie von ihren Vätern abgeholt wurden.

Inzwischen kommen die Jugendlichen von allein zum Reden in sein Büro, wenn es Ärger gegeben hat. »Sie wissen, ich habe den längeren Atem.« Das war neu hier im Viertel. »Die Sozialarbeit der 80er Jahre träumte von einem naiven Multikulti-Miteinander«, sagt Gilles Duhem. »Ich aber habe Spielregeln vorgelebt und durchgesetzt. Hier kämpfen alle gegen alle, aber ich möchte doch zumindest erreichen, meinem allergrößten Ziel etwas näher zu kommen: die Dummheit zu reduzieren!« Er hebt theatralisch die Augen zum Himmel. Dann grinst er amüsiert und sagt: »Obwohl sie auch sehr witzig sein kann!«

Lieblingsort Das Restaurant »Sissi«: »Das gönn ich mir manchmal. Es ist nicht gerade günstig, aber hier gibt es den besten lauwarmen Kartoffelsalat in der Stadt!« **| Adresse** Motzstraße 34, 10777 Berlin-Schöneberg

37_Gisela Sommer

Transvestitenimitatorin

Das Tabu steht im Raum, sobald sie die Bühne betritt. Denn nur so kann Gisela Sommer im überkurzen Mini und mit umso größerer Perücke zu derjenigen werden, die damit spielt, es auflöst und bis zur Bodenlosigkeit lächerlich macht. Und es ist unbedingt ihr Anliegen, die Menschen dazu anzuhalten, über ihre Tabus nachzudenken. Nicht nur im SchwuZ, Abkürzung für Schwulen-Zentrum, dem Berliner Club, den sie mit leitet. »Es geht schließlich darum«, und sie vollendet mit großem Augenaufschlag diesen klugen Satz, »unsere Rollenmuster abzulegen und die vielen Äußerlichkeiten zu überwinden – um die Menschen als diejenigen annehmen zu können, die sie sind.«

Und das ist auch politisch. Unbedingt. Damals, als sie als Gymnasiasten zu zweit den Tuntenblock auf der Erster-Mai-Demo in der überfrommen westdeutschen Kleinstadt ins Leben riefen, genauso wie heute, wenn das SchwuZ sich als Club im Berliner Nachtleben für andere Szenen öffnet. Es muss Menschen geben, die den ersten Schritt machen. Aufeinander zu. So wie damals, als das SchwuZ in Neukölln neu eröffnete. Vor der großen ersten Party im neuen Club haben sie im Seniorenheim gegenüber einen Liederabend gegeben und sich als die neuen Nachbarn vorgestellt. Daraufhin haben sie nicht schlecht gestaunt, als in der Eröffnungsnacht sechs ältere Damen aus dem Wohnheim auftauchten, sich anscheinend königlich amüsierten und bis in die Morgenstunden auf der Party blieben.

Aber bei allem politischen Geist – ein bisschen Eitelkeit ist natürlich auch mit dabei, sagt Gisela Sommer, stützt mit einem leicht übertriebenen Seufzer das Kinn auf den Handrücken und blickt auffordernd in die Kamera. Sie lacht auf und sagt, als ob ihr dieser Gedanke eben erst gekommen sei: »Ich kann eigentlich nur allen empfehlen: Werden Sie Transvestit! Es ist ein tolles Leben! Es schenkt einem Freiheiten, von denen man sonst nur träumen kann!«

Lieblingsort Galerie Studio St. St.: »Juwelia Soraya ist eine tolle Gastgeberin und thront mit ihrer Performance immer selbst im Zentrum des Geschehens. Es ist ein Ort, von dem ich mir wünschen würde, dass er bleibt.« | **Adresse** Sanderstraße 26, 12047 Berlin-Neukölln

38 Die Goldelse

Siegesgöttin für die Berliner

Als sie nach den siegreichen Kriegen Preußens gegen Dänemark, Österreich und Frankreich, angefertigt nach dem Abbild der damaligen preußischen Kronprinzessin Victoria von Großbritannien und Irland, im Jahr 1873 aufgestellt wird, bemerkt sie es schnell: Die Berliner haben keinen Bezug zu ihr. Nicht nur, dass sie auf einer 69 Meter hohen Säule steht und viel zu riesig ist (man bedenke nur allein ihre Schuhgröße: Nr. 92) – es ist offensichtlich, dass die Menschen in ihrer Stadt gegenüber der imperialen Herrschaftsarchitektur, die sie verkörpert, nichts empfinden und sich sogar mehr und mehr distanzieren. Unüberbrückbar scheint diese Kluft zwischen der Siegesgöttin und den Menschen in der Stadt.

Doch dann geschieht etwas vollkommen Unerwartetes: Im Jahr 1866 wird in der sehr populären Illustrierten »Die Gartenlaube«, die zu dieser Zeit nicht nur Bürger, sondern auch Bedienstete, Handwerker und sogar Arbeiter lesen, ein Roman als Fortsetzungsgeschichte veröffentlicht. Die Geschichte ist der Renner. Die Abonnenten-Zahlen steigen in diesen Jahren von 100.000 auf 400.000. Sie erzählt von einem fleißigen, hübschen, ehrlichen und sehr rechtschaffenen Mädchen mit Namen Elisabeth, der von einem adeligen Wüstling der Hof gemacht wird – den sie aber abweist und sich für den Mann aus einfachen Verhältnissen entscheidet, den sie wirklich liebt. »Die Goldelse« heißt der Roman, der alle Berliner in diesen Jahren in Atem hält. Und Goldelse nennen die Berliner von da an auch die goldene Statue in ihrer Mitte – und holen sie so von ihrem Kanonenrohr-Sockel herunter, zu ihnen, auf ein menschliches Maß.

Erst viel später wird sich herausstellen, dass sich hinter dem Goldelse-Autor E. Marlitt eine Frau verbirgt. Dass Eugenie John die erste deutsche Bestsellerautorin war, ist auch eine kleine Siegesgeschichte, die die Goldelse heute erzählt.

Lieblingsort Der Große Stern: »Umzüge sind für mich ja ziemlich beschwerlich. Als ich 1938 vom Platz der Republik hierher versetzt wurde, dachte ich schon, dass ich es vielleicht nicht schaffe. Aber inzwischen muss ich zugeben: Einen besseren Ausblick als hier finde ich wahrscheinlich in ganz Berlin nicht!« | **Adresse** Großer Stern, 10557 Berlin-Tiergarten

39_Grace

Torschützenkönigin

Sie ist eigentlich ständig da, die Angst vor dem Hinfallen. Und deshalb, erklärt Grace, trainieren wir vor allem das Aufstehen. Immer wieder. Üben, üben, üben – in zwei Wochen fliegen die FUmanoids nach China zur Weltmeisterschaft. Doch es werden noch harte Trainingstage bis dahin. Es gibt nämlich eine neue Regel für diese WM: Der Ball, der bisher immer orange war, wird ab jetzt weiß sein. Bei der Berechnung der ballfarbenen Pixel die Farbe Orange zu sondieren und anzusteuern, das ist für Grace als eine der erfahrensten Spielerinnen der Mannschaft inzwischen eine Leichtigkeit.

Es war wohl ihr glorreichster Moment, als sie bei den German Open im Finalspiel das Siegertor geschossen hat und dann in letzter Minute ein Gegentor verhindern konnte: »Sie hätten mal die Gesichter der Trainer sehen sollen, als ich das eigene Tor erkannt habe, einen Pfad um den Ball herum gewählt habe und dann den Ball, der kurz vor der Linie lag, von hinten aus dem Tor herausgeschossen habe!«

Na ja, und dann die Nachricht, dass jetzt die Klassifikatorkette bei der Definierung der Bildregionen nicht mehr nach Orange durchsucht werden muss – sondern nach weißen Pixeln! Und weiß sind ja schließlich auch die Linien auf dem Feld und die Tore selbst. »Aber wir werden es schaffen!« Und wie um das zu beweisen, scannt Grace das Feld, berechnet die Richtung, dann die Entfernung zum Ball – und stapft los. Sie ist ein bisschen aus der Übung, und ihre Motoren tickern hibbelig. Denn sie hatte gerade noch einen ganz anderen Auftritt: Einen selbst choreografierten Tanz in einem Stück in der Staatsoper. Drei Aufführungen, allesamt ausverkauft. Grace nähert sich dem weißen Ball, da, plötzlich, das Ticken scheint schneller zu werden, sie beginnt zu schwanken – und kippt um. Mit einem Ruck ist sie wieder auf den Beinen: »Tja, ganz wie mein Trainer immer sagt: *If it works – it's obsolete!*«

40__Graf Haufen
Schatzhüter

»Manchmal waren es Gurken, manchmal aber auch reinste Schätze!«
Als der 14-jährige Karsten Rodemann im Westberliner Spandau begann, seine Musikkassetten zu tauschen, ging das so: Man schickte eine eigene Kassette an einen Kontakt irgendwo in der Welt – und bekam gleichzeitig eine zugeschickt. Seine Augen funkeln, wenn er von damals erzählt. Und als er dann einen Namen für sich und sein Kassetten-Label suchte, erfand er gleich einen Slogan, der sich reimte: »Kassetten von Graf Haufen – musst du kaufen!« Und der Name ist geblieben. Für seine Freunde ist er seitdem Graf Haufen – und sogar seine Mutter nennt ihn Häufchen. Er bewies damals ein ziemlich gutes Gespür dafür, die Musik seiner Zeit festzuhalten. Er produzierte Kassetten von Gruppen wie »Deutsch-polnische Aggression«, »Die tödliche Doris« und einer lokalen, weitestgehend unbekannten Band, die sich später einmal »Die Ärzte« nennen sollte.

Und das Tauschgeschäft ging weiter, aus dem Kassetten-Tausch wurde ein Kunst-Tausch mit Ausstellungen in der eigenen Wohnung. Das Prinzip war das gleiche. Und irgendwann kam das »Videodrom« ins Spiel. Er löcherte den Besitzer der kleinen Videothek mit Anfragen, bekam daraufhin irgendwann einen Job als Aushilfe, erweiterte das Sortiment, tat neue Quellen für Filme auf, bastelte Kataloge – bis irgendwann, so erzählt man sich, es dem Besitzer zu viel wurde und er ihm schließlich seinen Laden verkaufte. Das war im Jahr 1989.

Seitdem hat Graf Haufen aus der kleinen, miefigen Kreuzberger Videothek eine wahre Schatzkiste gemacht. Hier gibt es nicht nur 32.000 DVDs und einen ganzen Keller voller Videokassetten – sondern eben auch ihn. Er gibt hier zwischen all den Regalen, so wie er es immer getan hat, seine Schätze weiter. Sein Wissen. Ohne dass er einem etwas aufzwängt. Denn das wäre gegen sein Prinzip, schließlich geht es darum, ein Angebot zu machen, zum Tausch.

Lieblingsort Der Teich in der Hasenheide: »Er ist so versteckt, dass man hier meistens ganz für sich ist. Ich bringe oft was zu essen mit für die Eichhörnchen und beobachte die Tiere hier. Ein schöner Ort zum Abschalten!« | **Adresse** Volkspark Hasenheide, 10965 Berlin-Neukölln

41__Günter Schmidtke

Ein Leben für das Ballhaus

Eigentlich wäre es jetzt langsam mal gut, findet er. Zweimal hat Günter Schmidtke in diesem Jahr schon gekündigt. Er lacht auf: »Aber jehn lassen Se mich nicht!« Das liegt daran, dass Günter Schmidtke einfach nicht wegzudenken ist aus dem Altberliner Ballhaus. Und das wiederum kann nur verstehen, wer seine Geschichte kennt. Der 82-Jährige sitzt im Biergarten, Hose mit Bügelfalten und blitzeblank polierte Schuhe. Er habe 90 Prozent seines Lebens an diesem Ort verbracht, sagt er – dann überlegt er: »Oder mehr?« Jahrelang war er Garderobier, aber angefangen hat alles viel früher, damals nämlich, als noch alle im Anzug und nie ohne geputzte Schuhe ausgegangen sind. Er ist hier groß geworden, direkt gegenüber, und seine Mutter hat hier im Ballhaus gearbeitet.

Wenn Günter Schmidtke die alten Fotos erklärt, die heute im »Clärchens Ballhaus« rund um die Tanzfläche an der Wand hängen, dann ist das vor allem auch seine eigene Geschichte: »Hier is Mutti mit ihrem Akkordeon, hier steht se am Tresen, das ist mein Bruder, und hier bin ick mit meener Frau.« Und auch heute ist Familie Schmidtke nicht wegzudenken: Seine Tochter sitzt an der Kasse, der Enkel macht die Garderobe – und Günter Schmidtke selbst, der begrüßt die Gäste.

Die meisten kennen ihn. Sein Motto: »Die Zeiten haben sich geändert, aber ick bin ick geblieben.« Es interessiert ihn, was die Leute heute so denken. Nur das Tanzen, das können sie nicht mehr so wie wir früher, sagt er. Er war ein großer Tänzer. Und das Tanzen hat ihnen schließlich damals die Nachkriegszeit erträglich gemacht. Mit Mutti und ihrem Akkordeon in der Küche Tango tanzen … Er erzählt und erzählt und genießt es. Und man hofft insgeheim, dass, auch wenn sich vieles ändert, diese unnachahmliche Art, zu erzählen, wie Günter Schmidtke es kann, nie verloren gehen möge: »Sacht er: Na, Alter, wie jeht's? – Sach ick: Jut.«

Lieblingsort Schloss Schwante: »Da bin ick zu gern – im Sommer fahr ick einmal in der Woche da raus, mindestens. Die Jungs vom Ballhaus hier machen da jetzt Programm. Und der Egon, dit is mein Schwan, der hat gerade vier Junge.« | **Adresse** Schlossplatz 1–3, 16727 Oberkrämer-Schwante

42 __ Günther Krabbenhöft

Kreuzbergs Dandy

Alles begann mit dem Foto auf dem U-Bahnhof. Ein Tourist machte ein Bild von ihm und stellte es ins Internet – und seitdem ist Günther Krabbenhöft berühmt. Vor Kurzem lief ein Japaner mit besagtem U-Bahnhof-Foto durch die Straßen von Kreuzberg und fragte alle, wo man ihn finden könnte. Es stellte sich heraus: Eine japanische Modefirma wollte ihn als Model buchen.

Günther Krabbenhöft schüttelt den Kopf. Er kann es immer noch nicht begreifen. Schließlich habe er immer schon Wert auf seinen besonderen Stil gelegt. Etwas anderes sei das mit dem Tanzen. Das falle wahrscheinlich schon ein wenig auf, gibt der 70-Jährige lächelnd zu: »Seit der Loveparade liebe ich Techno. Diese Bässe!« Als ihn dann eines Abends zwei sehr junge Mädchen in der U-Bahn ansprachen, dass ihnen sein Style gefalle und ob er schon etwas vorhabe, sie wären gerade auf dem Weg ins Berghain, da kam eins zum anderen. Seitdem geht Günther Krabbenhöft regelmäßig in die Clubs dieser Stadt, um zu tanzen. Am liebsten allein. »Dann tanze ich sieben Stunden ohne Pause und wenn ich irgendwann am frühen Morgen nach Hause gehe, dann ist es so, als ob ich schwebe!«

Es hat eben alles seine Zeit. Dieser Satz steht über allem, was der ehemalige Koch erzählt: Er habe jahrelang gearbeitet und seine Tochter großgezogen. Aber jetzt, sagt er, sei ja alles erledigt. »Und niemand erwartet von mir, dass ich Tag um Tag auf dem Sofa sitze und auf Familienbesuch warte.«

Eine Zeitung nannte ihn den »Hipster-Opi von Berlin«. Doch das lehnt Günther Krabbenhöft entschieden ab: »Ich bin doch kein Hipster – und Opi bin ich, das stimmt, aber bitte nur für meine Enkelkinder!«

Aber wenn es eine Sache gibt, die er durch die viele Aufmerksamkeit dem einen oder anderen vermitteln möchte, dann vielleicht das: Lauft nicht so rum wie alle anderen – es lohnt sich!

43___Hania Hakiel

Have a drink with a shrink

Auch sie kam irgendwann nach Berlin. Wie die vielen anderen auch. Denn in Berlin, so hieß es, sei alles möglich. Und wirklich: Die Stadt empfing sie alle mit offenen Armen, ließ sie günstig wohnen und unzählige Nächte durchfeiern, Projekte gründen und Neues ausprobieren. Aber Hania Hakiel merkte den Menschen in ihrer Umgebung ziemlich schnell an, wie schwer es ihnen fiel, hier in dieser Alles-ist-möglich-Welt einen Platz zu finden. Während sie von ihren neuesten Projekten erzählten, kämpften viele von ihnen gegen Selbstzweifel und Überforderung. Aber eines verband sie alle: Sie hätten nie zugegeben, ein Problem zu haben. Und eines Abends entdeckte Hania Hakiel für sich diesen Reim: »Have a drink with a shrink«! – und damit war die Idee geboren.

Sich an der Bar zu treffen erfordert schließlich deutlich weniger Überwindung, als sich auf die Couch zu legen. Und was eigentlich als eine Art Experiment begann, macht Hania Hakiel inzwischen hauptberuflich. Dabei beschränken sich die Treffen nicht auf die Kneipen und Cafés dieser Stadt, denn es geht schließlich nicht um ein – wie ihr Ansatz manchmal missverstanden wird – Besäufnis, um dem eigenen Kummer freien Lauf zu lassen: Auch Dächer, ein Seeufer oder der Wald sind gute Orte, um das machen zu können, worum es eigentlich geht: loslassen und sich von den Knebeln des eigenen inneren Drucks befreien.

Und noch etwas spielt eine Rolle: Wenn man wirklich in einer Krise ist, dann ist es häufig schon zu spät, dem Ganzen mit der notwendigen Menschlichkeit zu begegnen: Die Psychologen sind meistens auf Monate hinaus ausgebucht und haben viel zu viele Patienten. Hania Hakiel hilft dort, wo es drauf ankommt, und zeigt den Strauchelnden, dass es sich lohnt, Entscheidungen zu treffen, auch mal auf Kosten der großen Berliner Freiheit – um wieder neuen Halt zu finden, wenn sie die Bar wieder verlassen haben.

Lieblingsort Die Monster-Galerie: »Der Raum mit den vielen Monstern des Künstlers Mateo ist wie eine Box angefüllt mit eigenen Kindheitserinnerungen. Und das Beste: Niemand würde sich trauen, über diese Monster zu lachen.« | Adresse Skallywag Gallery, Herrfurthstraße 10, 12049 Berlin-Neukölln

44_Hanna Poddig

Vollzeitaktivistin

Ihr Zuhause, die Zwei-Zimmer-Wohnung in Nord-Neukölln, hat sie gekündigt. Seitdem lebt Hanna Poddig dort, wo ihr Rucksack gerade steht. Das war keine schwere Entscheidung, erklärt sie. Es gab schließlich keine Alternative. Diesen Satz wird sie noch mehrmals sagen. Und je länger die 29-Jährige, die sich positioniert und einmischt, von ihrem Leben erzählt, desto mehr versteht man die Notwendigkeit der Konsequenz.

Auf den ersten Blick mag es vielleicht nicht sehr politisch aussehen, wenn man mit der Kettensäge in einem Abrisshaus Holz für den Ofen zerkleinert oder Lebensmittel aus den Supermarkt-Containern sammelt, sagt sie lachend. Aber nur so kann ich unabhängig sein. Denn wer wie Hanna Poddig auf Bäume klettert, sich an Bahngleise kettet oder gegen Atom-Boote protestiert, kann keinen Ballast gebrauchen. Wenn sie gerade nicht selbst aktiv ist, berät sie bundesweit Menschen bei der Vorbereitung und Durchführung von Protesten und gibt auch ganz allgemeine Ratschläge. In ihren Aktionstrainings geht es dann um die unterschiedlichen Formen des Widerstands bis hin zu rechtlichen Fragen bei Prozessen. Eine Art Einführungsseminar für Aktivisten und solche, die es werden möchten.

Die Art der Aktion richtet sich jeweils ganz nach Anlass und Dringlichkeit: Genmaisfelder zu zerstören findet Hanna Poddig durchaus angemessen – aber Konfetti im Gerichtssaal oder Kreide auf der Straße können auch schon Wunder wirken. Sie lacht. Einen Gerichtsapparat lahmzulegen, darin hat sie inzwischen Übung. Sie schaut einen wieder an, aufmunternd und herausfordernd zugleich, so als würde sie sagen: Es ist kein Ding der Unmöglichkeit, sich für das einzusetzen, was man für richtig hält. Eine Anleitung kann ich dir nicht geben. Aber an Möglichkeiten wird es nicht mangeln.

Sie selbst kann nur für sich sprechen: Ich will's versucht haben, sagt sie, jeden Tag.

45 Hans-Jürgen Heinicke

Schatzsucher

Es ist wieder einmal ein ganzes Leben, festgehalten in Fotoalben, Plattensammlungen und Bündeln von Briefen. Hans-Jürgen Heinicke steht in einer Küche irgendwo am Stadtrand und sortiert Kisten. Haben will diese Dinge niemand mehr. »Schätze suchen – das heißt vor allem erst mal: im Dreck wühlen«, sagt er. Er geht durch die Wohnungen von Verstorbenen dieser Stadt und guckt die Sachen durch, die übrig bleiben. Aber dabei kommt es hin und wieder auch vor, dass er etwas in der Hand hält, von dem er spürt: Das ist etwas! Es sind Dinge, die ihn auf schwer zu beschreibende Weise elektrisieren. Diese Gegenstände nimmt der Nachlassverwalter mit nach Hause und legt sie in die Bananenkiste, die in seinem Flur steht. Wenn er Zeit und Ruhe findet, geht er den Sachen aus der Kiste auf den Grund und versucht herauszufinden, was das Besondere oder sogar Wertvolle an ihnen ist.

Schon als Kind faszinierte ihn Material, das sich gut anfühlt. Später dann, als Student, suchte er sich im Sperrmüll am Straßenrand die besten Stücke raus und merkte bald, dass er ein gutes Händchen dafür hatte. Er tauschte seine Fundstücke ein – und irgendwann verkaufte er sie auch.

Dass er richtige Schätze findet, wertvolle Bücher mit kunstvollen Einbänden oder kostbare Mitbringsel aus fernen Ländern, das ist seltener geworden. Und das liegt wohl daran, überlegt Hans-Jürgen Heinicke, dass der Anspruch an Qualität abnimmt. Bei IKEA in der Schlange vor der Kasse, wo er immer die blauen Tüten kauft, sieht er die Menschen genau die Dinge einkaufen, die er fast täglich wegschmeißen muss.

»Aber man lernt dabei auch, dass es das Leben selbst ist, also das hier« – er macht eine Handbewegung durch die leer geräumte Küche und weiter durch den vollgestellten Flur der Wohnung hinaus in das Treppenhaus –, »was so wertvoll ist. Wertvoller als jedes Ding, das am Ende übrig bleibt.«

Lieblingsort Das Hansa-Viertel: »Ich habe dort einmal eine Wohnung ganz oben aus-
geräumt. Man hatte einen unglaublich schönen Blick über die Stadt – in die Wohnung
kommt man natürlich nicht, aber vielleicht findet sich ein anderer Weg nach oben in die
Häuser des Viertels.« | **Adresse** Klopstockstraße, 10557 Berlin-Tiergarten

46___Harald Warmbrunn

Faxenmacher

Er hat die Nazizeit erlebt, die Nachkriegszeit, die DDR und 25 Jahre Demokratie hinter sich – und doch, sagt er, gibt es da etwas, das sich immer treu geblieben ist: der Berliner. »Der lässt sich nämlich nicht unterkriegen. Weil er nicht die Schnauze hält!« Harald Warmbrunn blickt einem freundlich, aber sehr bestimmt in die Augen. Er ist seit 1962 Schauspieler und somit Dienstältester im Volksbühnenensemble. Das Theater, sagt er, war immer schon ein freier Ort. Auf der Bühne konnte man mit kleinsten Mitteln politisch sein. »Unser Weg ist es«, sagt er, und seine Stimme erfüllt mit einem Mal das ganze Café und bringt alle anderen Tische augenblicklich zum Schweigen: »Hintenrum zuzuhauen.«

Einen kleinen Moment lang freut er sich über den Eindruck, den seine Stimme gemacht hat – dann spricht er wie gewohnt weiter. Theater ist immer politisch, man kann Theater gar nicht begreifen, wenn nicht als politisches Instrument! Aber neuerdings wollen sich die Menschen im Theater unterhalten. Dabei muss Theater doch Krach machen! Er selbst sei ja nur Faxenmacher, sagt er, aber auch da spielt seine Haltung mit rein. Meistens spielt Harald Warmbrunn den Bösen. »In der DDR habe ich den SS-Mann gespielt, nach der Wende den Stasi-Offizier.« Er zuckt mit den Schultern. Er sei inzwischen gut darin. Und meistens sei es ja auch viel schwieriger, als einen beliebten Helden zu spielen. Denn der Mensch ist nicht böse, und deshalb muss sich das Böse erklären: Man muss den hartherzigen Offizier auch mit seiner Geschichte spielen, die Gefühle, Familie und Hintergründe vermitteln.

Die Menschen dürfen nicht vergessen, dass Kultur Veränderungen bewirken kann. Es seien zwar Faxen, aber welche, die aufrütteln können! Fragt man Harald Warmbrunn nach der Premiere, ob ihm das Stück gefällt, dann antwortet er gern: »Da dürfen Se *mich* nicht fragen: Ick habe von Kunst keene Ahnung.«

47___Harry Lehmann

Herr der Düfte

Hinter dem Schaufenster mit den aufgereihten Glasbehältern befindet sich ein eigenes Reich, das Reich der Düfte. Harry Lehmann sitzt vor dem Regal mit den unzähligen Flaschen und Fläschchen – und sieht zufrieden aus. Er hat den Laden von seinem Vater übernommen, gegründet hat ihn bereits sein Großvater im Jahr 1926.

So wie andere Kinder lernen, mit Bauklötzen Türme zu bauen, hat Harry Lehmann bereits als kleines Kind gelernt, Rose, Veilchen, Patschuli und Tulpe am Duft zu unterscheiden.

Viele Düfte, die hier nach Gewicht verkauft werden, hat schon der Großvater kreiert, einige kamen später dazu, wie zum Beispiel das Eau de Berlin, das die Lehmanns anlässlich der 750-Jahr-Feier erfanden. Und so wird das Sortiment der Klassiker immer größer. Dies sei jedes Mal ein Prozess, erklärt der Berliner Parfümeur. Bei ihm beginnt dieser meistens im Urlaub. Es entstehe dann eine allererste Vorstellung, inspiriert von Bildern und natürlich Gerüchen vor Ort. »Dann überlege ich mir die Grundstoffe, und wenn ich nach Berlin zurückkomme, mische ich hier im Keller alles zurecht – und dann, ja dann lasse ich mich überraschen! Bis das Ergebnis fertig ist, kann es bis zu einem halben Jahr dauern – schließlich enthält ein einziges Parfum bis zu 60 Inhaltsstoffe.«

Harry Lehmann sitzt gern im Laden und begrüßt die Stammkunden oder beobachtet, wie seine Düfte bei neuen Kunden ankommen. Betritt jemand den Laden, dann überlegt er bei sich, welches Parfum sie oder er wohl wählen wird. Und dabei, sagt er, liege er inzwischen oft richtig.

Und wenn man vor den bauchigen Flaschen mit den gläsernen Hähnen steht, dann kann man gar nicht mehr aufhören. Man zieht Glasdeckel für Glasdeckel aus den Flaschen und denkt: Was für ein Glück, dass die Menschen irgendwann auf die Idee gekommen sind, Duftnoten zu konservieren und wohlriechende Sträuße daraus zu zaubern!

Lieblingsort Der Lietzensee: »Hier kann ich wunderbar entspannen, gerade weil auch was los ist. Allein im Wald – das wär nichts für mich. Ich mag es, wenn viele andere Menschen um mich herum sind.« | **Adresse** 14057 Berlin-Charlottenburg

48_ Heidi Hetzer
Weltumfahrerin

Sie war 1953 das erste Mädchen auf der Kfz-Handwerksschule in Berlin. Ja, natürlich guckte da der ein oder andere schon mal schief rüber, erzählt sie. »Aber als ich dann die Erste in der Klasse war, die einen eigenen Motorroller besaß, da wollten sie alle mitfahren!« Und auch heute drehen sich die Berliner um, wenn die 77-Jährige in ihrem Oldtimer durch die Straßen fährt. Heidi Hetzer hat in diesen Tagen allerdings nicht viel Zeit für sie – denn sie steckt mitten in den Vorbereitungen: In wenigen Wochen startet die größte Rallye ihres Lebens. Sie fährt mit dem Oldtimer einmal um die Welt. In zwei Jahren.

Heidi Hetzer weiß, auf was sie sich einlässt, sie macht sich nichts vor. Es wird ein hartes Stück Arbeit. Aber wenn sie von der geplanten Route erzählt, dann funkeln ihre Augen, und man merkt, dass es so etwas ist wie ein Traum, den sie sich verwirklicht. Obwohl die Berlinerin selbst diese Bezeichnung strikt ablehnt. »Ich habe doch nie Zeit für Träume gehabt.« Als Heidi Hetzer nach dem Tod ihres Vaters mit 31 Jahren das Autohaus übernahm, machte sie es mit insgesamt 150 Mitarbeitern zum größten und bekanntesten von Berlin: Opel Hetzer. »Da konnte ich doch nicht einfach so verschwinden.« Erst vor zwei Jahren hat sie aufgehört zu arbeiten – und ist seitdem ganz für ihre Oldtimer da.

Und es gibt noch eine Sache, die sich Heidi Hetzer vorgenommen hat: Sie will unterwegs Schulen besuchen und allen Mädchen Mut machen, einen Beruf zu lernen. Und es werden nicht bloß ihre Worte sein, die überall Eindruck hinterlassen werden – denn als Weltumfahrerin wird Heidi Hetzer für die Mädchen sein, was sie bereits ihr ganzes Leben in Berlin ohne große Worte oder viel Aufsehens war: ein Vorbild.

Sie blickt nachdenklich auf die Route, die auf ihre Autotüren gezeichnet ist, und sagt mit ihrem wild entschlossenen und zugleich strahlenden Lächeln: »Na dann mal los!«

Lieblingsort Die große Badewiese: »Dieser Ort an der geliebten Havel in Hohengatow, wo ich groß geworden bin, ist immer noch ein Geheimtipp.« | **Adresse** Seepromenade 1, 14089 Berlin-Spandau

49__Heike Wiese
Kiezdeutschexpertin

»Bra, wir sind Kotti.« – Wenn Heike Wiese einen Satz wie diesen auf einer Klotür findet, löst das Begeisterung bei ihr aus. Schnell fotografiert sie das Fundstück, denn Heike Wiese ist Sprachwissenschaftlerin. Sie wohnt in Kreuzberg. Als ihre Kinder kleiner waren, schaute sie sich auf den Spielplätzen um, las die Sprüche auf den Bänken und Klettergerüsten und bemerkte: Die Sprache der Jugendlichen mit Migrationshintergrund ist ja gar nicht bloß »falsch«, es steckt vielmehr ein System dahinter.

Sie erklärte dieses Phänomen kurzerhand zu ihrem Forschungsgegenstand und nannte es »Kiezdeutsch«. Wenn Heike Wiese im Bus sitzt, dann hört sie ganz genau zu, was vor und hinter ihr gesprochen wird. Die Sätze aus dem Bus sind beinahe ihre wichtigste Quelle, schriftliche Untersuchungsproben sind eher die Ausnahme. So wie bei anderen Dialekten auch.

Heike Wiese ärgert es, wenn es heißt: »Die sind doch zu doof, um richtig Deutsch zu lernen.« Und sie hat herausgefunden, dass das so auch nicht stimmt. Jugendliche auf der ganzen Welt erfinden einen eigenen »Sprech«. Das Kiezdeutsch der Jugendlichen in Kreuzberg und anderen Vierteln mit vielen unterschiedlichen Kulturen und Sprach-Hintergründen ist äußerst kreativ. Es ist ein Dialekt, der von einer Toleranz und Vielfältigkeit geprägt ist, wie es in der Sprachentwicklung so kaum noch einmal vorkommt, erklärt Heike Wiese. »Kiezdeutsch entwickelt sich ständig weiter!« Und dadurch lässt es eine Identifizierung für viele Gruppen zu, was auch sehr ungewöhnlich ist für eine Dialektform. »Kiezdeutsch rockt, lan, Alter. Dis is voll jackpot so, ischwör!« So ein Satz sollte einen nicht erschüttern, sondern begeistern, findet die Kreuzbergerin. Und nicht zu vergessen: Die meisten Jugendlichen, die so sprechen können, switchen ebenso schnell ins perfekte Hochdeutsch, wenn sie mit dem Lehrer oder den Eltern sprechen.

Lieblingsort Die Friedhofsmauer: »Ich glaube, diese Mauer wurde für mich gemacht! Seit mindestens 20 Jahren hinterlassen Jugendliche dort Liebesschwüre in einem bunten, kreativen Mix aus Sprachen und Dialekten. Ich fahre regelmäßig dort vorbei und bilde mich weiter!« | **Adresse** Züllichauer Straße, 10965 Berlin-Kreuzberg

50 Henning Harnisch
Spielerweiterer

Als der Alba-Basketballer mit dem Spitznamen »Flying Henning« 1998 mit dem Profisport aufhört, weiß er, dass sich etwas ändern muss. Für die Kinder und Jugendlichen. Basketball muss bei ihnen ankommen – und zwar auch außerhalb des Vereins. Da sei nämlich irgendwann was schiefgelaufen, erklärt Henning Harnisch. Anstatt dass die Begeisterung an erster Stelle steht, geht es in den deutschen Sportvereinen meistens vor allem darum, Stück für Stück alle wegzuselektieren, die nicht gut genug sind für den Profisport. Spätestens in der Pubertät hören dann die meisten auf, die nicht in die Nachwuchsliga berufen werden. Doch das sei ja gar nicht das Ziel beim Sport. Henning Harnisch erklärt: Es geht doch darum, ein Zocker zu werden. »Ein Zocker ist bei uns im Basketball ein Spieler, der es verstanden hat. Der gut spielt, weil er die Idee geknackt hat.«

Heute leitet der Vizepräsident des Vereins die Alba-Jugend im Friedrich-Ludwig-Jahn-Sportpark. Und verändert hat sich bereits vieles, wenn auch nur in kleinen Schritten. Der wichtigste war wohl, die Schulen mit einzubeziehen, überlegt Henning Harnisch. Es gibt inzwischen bereits einige Schulmannschaften in Berlin, die von Alba trainiert werden.

Henning Harnisch hat eine Vision, die weit über das Gelände des Friedrich-Ludwig-Jahn-Sportparks hinausgeht: »Man muss sich die ganze Stadt als Sportpark vorstellen.« Dann wird der Sport automatisch Teil vom Ganzen: Basketballspiele zwischen den Schulen wären Feste – und diejenigen, die nicht spielen, sind dann Schiedsrichter, Kommentatoren, Berichterstatter, und wieder andere kochen für Spieler und Zuschauer. Henning Harnisch weiß, dass er diesem Traum jeden Tag ein bisschen näher kommt. Und da ist noch etwas, was er nicht verbergen kann und mit jedem Wort über das Basketballspielen verrät: wie sehr dieser Sport sein Leben erfüllt hat. Und es immer noch tut.

Lieblingsort Der Strausberger Platz: »Hier die Empfehlung, abends im Sommer auf einer Parkbank ein Öffentliches-Raum-Bier mit Blick auf den Springbrunnen zu trinken.« |
Adresse 10243 Berlin-Friedrichshain

51 Henning Vierck

Philosoph unterm Apfelbaum

Er hat seinen festen Platz im Garten. Dort, bei den Obstbäumen, wo der Tisch steht mit den vier Stühlen, dort sitzt Henning Vierck im Halbschatten. Als ein Junge mit einem zu großen Fahrrad an dem Tisch vorbeigeht, kommen sie ins Gespräch. »Warst du auch dabei, damals, als wir im Garten geflogen sind?« Die Augen des bärtigen Mannes beginnen zu leuchten – und der Junge strahlt zurück: »Ja, ich war dabei.«

Henning Vierck hatte schon viel früher, als er noch als Wissenschaftler an namhaften Forschungsinstituten arbeitete, überlegt, wie man es schaffen könnte, Kinder an der Forschung zu beteiligen. Er ist überzeugt: Kinder tun der Wissenschaft gut, denn sie sind gut im Fragen und gut im Antworten-Suchen. »Aber dann habe ich es einfach umgedreht«, er freut sich noch heute über seine Idee von damals: »Ich habe die Wissenschaft in den Garten gebracht und einen Ort geschaffen, um mit Kindern zu forschen.«

Den Anstoß dafür gab der Philosoph Johann Amos Comenius. Dieser lebte im 17. Jahrhundert und hatte den Garten zum Sinnbild für die Erziehung erklärt. Sein Leitsatz lautet: »Alle alles ganz zu lehren.« Und der Comenius-Garten in Neukölln ist für Henning Vierck der Versuch, Comenius zu verstehen. Und das heißt, es ist der Versuch, die Welt als Garten auszuprobieren. »Aber«, Henning Vierck winkt ab, »das Wichtigste bleibt nach wie vor, dass dieser Garten den Kindern aus der Nachbarschaft gehört.« Und weil Henning Vierck es ernst meint und weil er die Kinder und ihre Fragen ernst nimmt, wird auch er ernst genommen. Der Junge mit dem zu großen Fahrrad hört still zu, was es mit dem Garten und Comenius auf sich hat. Dann überzieht ein breites Grinsen sein Gesicht, und es platzt aus ihm heraus: »Ich glaube, das sind Sie!« Nur als Henning Vierck kurz darauf sein Telefon aus der Hosentasche zieht, muss er schlucken. Ungläubig murmelt er: »Er hat ein iPhone?«

Lieblingsort Die Gartenpforte: »An sie gelehnt zu Feierabend im Gespräch mit Passanten – denn nur beides zusammen begünstigt friedfertiges Handeln, Ruhe-Finden und Im-Gespräch-Bleiben. Daran erinnert mich mein Lieblingsort immer wieder.« | **Adresse** Comenius-Garten, Richardstraße 35, 12043 Berlin-Neukölln

52 Hjalmar Stecher

Bonbonmacher

Mit einem einzigen Blick erfassen die Augen des Jungen die Situation durch das Kellerfenster: Gleich ist es so weit! Alle Kinder hier in den Höfen wissen, was das bedeutet. Denn wenn Hjalmar Stecher neue Bonbons macht, dann bekommen sie welche geschenkt. Aber noch sind sie nicht fertig. Noch brodelt in einem großen Kupferkessel der flüssige Zucker. Heute, sagt Hjalmar Stecher, gibt es den Berlin-Klassiker: Maiblätter. In der offenen Bonbonküche finden sich immer mehr Zuschauer ein, als hätte der süße Waldmeisterduft sie die Stufen hinuntergelockt. Hjalmar Stecher nimmt den Kessel vom Feuer und gießt die Mischung auf eine kühle Platte – und beginnt die Masse umzuschlagen, bis sie kalt genug ist, um sie zu kneten wie einen Kuchenteig. Und dann kommt das Besondere: Nacheinander werden die knallgrünen Zuckerteig-Portionen durch die alte Prägewalze geschoben – und kommen als saure Maiblätter auf der anderen Seite wieder raus. »Ich mache die Bonbons wie vor 100 Jahren«, sagt Hjalmar Stecher stolz und sucht nach den Kindern, um ihnen ihre Bonbons zu schenken.

Das Bonbonmachen ist Hjalmar Stecher eines Tages zugefallen. Der Berliner Musiker jobbte als Belieferer von Süßwarenläden. Eines Tages eröffneten ihm die Hersteller, dass sie nicht mehr weitermachen würden. Sie seien zu alt, die Arbeit mit den schweren Walzen und dem Teig sei zu mühsam für sie geworden. Da war Hjamlar Stecher klar: Wenn nichts passierte, würde eine alte Tradition in Vergessenheit geraten – und er ging in die Lehre bei den Bonbonmachern, lernte von ihnen Rezepte und Handwerk, so lange, bis er so weit war.

Erst habe ihm niemand geglaubt, dass seine Maiblätter, die Himbeeren, die Zitronen und Malzbonbons handgemacht seien. Heute kann man ihm dabei zuschauen, ist selbst wieder Kind und ist sich ganz sicher, dass nichts auf der Welt glücklicher macht als dieser süßsaure Waldmeistergeschmack.

Lieblingsort Der Wasserfall: »Hier kann ich stundenlang auf einem Stein sitzen und dem Wasser zuschauen und zuhören. Das beruhigt ungemein.« | **Adresse** Viktoriapark, Kreuzbergstraße, 10965 Berlin-Kreuzberg

53 Idil Baydar

Hauptstadtpreisträgerin für Integration und Toleranz

Irgendwann musst du dich entscheiden: Integrationsnutte oder Kanake. »Und ich habe mich nicht fürs Erste entschieden, isch schwöre!«, sagt Jilet Ayse, Deutschlands Integrationsalptraum Nummer eins und YouTube-Phänomen. Und es ist Idil Baydar, die weiterspricht und erklärt: Als sie mit 15 Jahren aus dem Waldorf-Internat nach Berlin gezogen sei, habe sie zum ersten Mal realisiert, dass ihre türkische Herkunft eine Rolle spielte. Und was für eine! Idil Baydar merkte, dass etwas nicht stimmte: Diese Chancengleichheit, von der überall die Rede war, die gab es so nicht! Auch nicht für sie als Schauspielerin mit Abitur. Weil sie einen türkischen Namen hat. Also dachte sie sich: Wenn ich als Deutsche keinen Erfolg haben kann, dann sollt ihr eben die Kanakin bekommen, die ihr so gern wollt. Und damit war Jilet Ayse geboren.

Und Jilet Ayse bringt das Thema auf den Tisch. »Deutschland, wir müssen reden!« heißt ihre Show. Und ihre Botschaft: »Übertreib ma deine Rolle nicht!« Sie kommt als türkische Diva daher, grob und platt und lustig – und dann, dann gibt es diesen Moment, in dem das Klischee in tausend Teile zerspringt, und zurück bleibt ein bunter Integrationsscherbenhaufen.

Es gibt auch noch ein Pendant zu Jilet Ayse, nämlich Gerda Grischke: Eine berlinernde Hauswartsfrau mit Kittelschürze, die mit ihrer rassistischen und ausländerfeindlichen Haltung in keinster Weise hinterm Berg hält. Die Türken lieben sie, verrät Idil Baydar.

Dabei wird Deutschland in Wirklichkeit immer besser, ist schon fast auf dem Weg zum Integrationsmusterland, bloß: Niemand weiß es. Es ist Zeit, dass in Deutschland über Integration gesprochen wird. Und das machen jetzt Jilet und Gerda. Und zwar mit Erfolg. Das beweisen die Kommentare auf YouTube, wie zum Beispiel: »›übertreib deine Rolle nicht‹ ist mittlerweile der standardspruch auf meiner schule! :D Ich bin aufm gymnasium :D«.

Lieblingsort Das YAAM: »Dieser Platz am Wasser mit seinem Sand und der Musik ist mein Fernweh-Ort. Ich bewundere außerdem sehr, wie das YAAM sich durchgesetzt hat gegen alle neuen Spreeuferentwürfe.« | **Adresse** An der Schillingbrücke 3, 10243 Berlin-Friedrichshain

54__Inge Deutschkron
Unermüdliche Heldin

Jeden Tag beantwortet sie die Briefe, die ihr die Kinder aus dem ganzen Land schicken. »Was habt ihr gegessen?«, »Wie sah es in dem Versteck aus?«, »Warum war Hitler gegen die Juden?«. Oft weiß sie die Antworten auch nicht. Aber mit jedem einzelnen Antwortbrief ermutigt sie die Kinder, weiter Fragen zu stellen. »Und das ist wichtig«, sagt Inge Deutschkron, die als jüdisches Mädchen in Berlin die NS-Zeit überlebte, »denn sonst geht die Geschichte verloren.«

Nach dem Krieg arbeitete die Journalistin in Tel Aviv. Doch als das Grips-Theater 1989 ihr Buch inszenierte, »Ab heute heißt du Sara«, entschied sie sich, nach Berlin zurückzukehren. Sie hatte gemerkt: Die jungen Menschen haben Fragen. Fragen, die kein Geschichtsbuch beantworten konnte.

Und seitdem erzählt sie. Und jedes Mal wenn sie beginnt, ist es so, als ob sie zum ersten Mal darüber spricht. Sie schmunzelt über die kleinen amüsanten Details, sie sucht nach Worten, die den Schmerz und die Unmenschlichkeit zum Ausdruck bringen könnten – und ihr Gesicht beginnt zu strahlen, wenn sie die Menschen beschreibt, die sie und ihre Mutter versteckt haben und damit ihr eigenes Leben riskiert haben. Man ist sofort in einen Bann gezogen, denn sie erzählt nicht bloß, sondern lässt den Zuhörer teilhaben an den persönlichen Momenten ihres Lebens. Und wir, die wir keinen Krieg erlebt haben, bekommen in diesen Momenten ein Gefühl dafür, was es bedeuten muss, wenn plötzlich kein Boden mehr da ist unter den Füßen, wenn man von einem Tag auf den anderen gezwungen wird, einen gelben Stern zu tragen, Zwangsarbeit zu verrichten und in einem Versteck zu leben. Und, wie wichtig Menschen sind, die helfen, ohne nach dem Risiko zu fragen. Inge Deutschkron nennt sie die »stillen Helden«. Sie waren es, sagt sie, die mir gezeigt haben, dass man weiterkämpfen muss. Damit man den Glauben an die Menschlichkeit nicht verliert.

Lieblingsort Museum Blindenwerkstatt Otto Weidt: »Ich arbeitete von 1941–43 in dieser ›Jüdischen Einsatzstelle‹. Otto Weidt rettete mich und die anderen Angestellten vor der Deportation, indem er die Gestapo schmierte und Familien versteckte.« | **Adresse** Rosenthaler Straße 39, 10178 Berlin-Mitte

55 Irene Kotnik

Frau mit Antrieb

Es ist ja so: Frauen sitzen eigentlich hinten. Und wenn sie selbst fahren, dann haben sie meistens einen Biker-Freund, der ihnen die Maschine repariert. Die Motorradwelt hat sich als vielleicht letzte Männer-Bastion halten können. Bis heute. Aber das, sagt Irene Kotnik, wird sich ändern. Und sie ist keine, die sich aufhalten lässt. »Es ist einfach das Schönste, sich so frei zu fühlen. Wenn ich nur daran denke, dann geht es mir gut!« Die zierliche Frau lacht auf und zieht den Helm an: »Es ist der Rausch, die Lust am Leben – darauf komme es schließlich an.«

Irene Kotnik entwickelt unter anderem die Online-Plattform »vimage«, auf der Videokünstler ihre Arbeiten zeigen können. »Und da brauche ich das Schrauben an meinen Motorrädern, um hin und wieder aus der digitalen Welt zu entkommen!« Irene Kotnik merkte, wie sie jedes Mal aufblühte in der Werkstatt – und dachte sich irgendwann: Es kann doch nicht sein, dass das nur mir so geht. Und sie fand eine Gefährtin und dann noch eine und noch eine – und sie gründeten den ersten Frauen-MC von Berlin: »The Curves«.

Ja, genau richtig verstanden: Damit sind die Kurven gemeint, die eigenen weiblichen und die, in die man sich hineinlegt. Aber es gehe hier nicht darum, als Feministinnen-Gang aufzutreten, erklärt sie. »Wir wollen die Frauen auf den Motorrädern feiern – wir wollen Konfetti über sie werfen und noch viele weitere Frauen begeistern!« Inzwischen haben The Curves viele Mitglieder und große Pläne: Im nächsten Jahr wollen sie ein Frauen-Treffen im Umland organisieren, das »Petrolettes Festival«. Es ist aber nicht so, dass Männer prinzipiell ausgeschlossen sind. Es gibt durchaus Biker, die sich bei The Curves wohlfühlen.

»Und im Winter«, sagt sie noch, bevor sie aufsteigt mit ein bisschen Anlauf, weil die Geländemaschine eigentlich zu groß für sie ist, »machen wir statt Kochkurs eben einen Mechanikkurs!«

56__Irmela Mensah-Schramm
Polit-Putze

Auf ihrem Stoffbeutel steht: »Gegen Nazis!« – und darin steckt alles, was Irmela Mensah-Schramm braucht, wenn sie unterwegs ist: eine Farbspraydose, Nagellackentferner, einen Ceranfeldschaber und ihre Kamera. Mehrmals in der Woche setzt sie sich in Zehlendorf in die S-Bahn und fährt quer durch die Stadt, zum Beispiel nach Lichtenberg, Buch oder Schöneweide. Sie fährt überall dorthin, wo Nazi-Parolen auftauchen.

Vom S-Bahnhof aus geht es los. Sie läuft hinein in die Seitenstraßen, der suchende Blick wandert von Laternenpfahl über Straßenschild zu Stromkasten. Da, ein Aufkleber mit dem Spruch: »Kapitalismus zerschlagen!« Da muss man schon genau hingucken, sagt Irmela Mensah-Schramm, gegen Kapitalismus sind die Linken ja auch. Aber sie lässt sich nichts vormachen – und holt den Schaber aus der Tasche. Mit ein paar schnellen Bewegungen ist die Parole runter. »Es tut gut, etwas zu tun. Das hilft gegen die Wut.« Und wütend wird die 70-Jährige immer wieder über diesen stumpfen Hass, der sich gegen Ausländer richtet.

Eine Woche zuvor wurde sie von einem Neonazi mit dem Fahrrad verfolgt. Manchmal guckt sie sich besorgt um, wenn jemand mit dem Handy in der Hand vorbeiläuft. Aber wirklich Angst hat sie nicht. Es ist doch wichtig, Signale zu senden, sagt sie und holt die Sprühdose hervor, um ein Hakenkreuz unkenntlich zu machen.

Einen kleinen Schaber hat sie eigentlich immer dabei. So wie neulich, als sie im Abendkleid zu einer Veranstaltung ging und an einer Bushaltestelle einen Aufkleber entdeckte – »einen von der schlimmen Sorte«. Da holte sie kurzerhand den Schaber aus der Handtasche … Und man nimmt sich vor: Ceranfeldschaber besorgen. Den Blick hat man nach der Runde mit Irmela Mensah-Schramm sowieso schon geschult – keine S-Bahnhof-Bank, keine Telefonzelle, keine Mauer, die ab jetzt nicht unbewusst gescannt werden wird!

Lieblingsort Bamboo-Bistro: »Hier gehe ich fast immer nach meiner Lichtenberg-Tour hin. Nicht nur, um etwas Gutes zu essen – sondern auch, damit der Ärger verpufft. ›Wie immer‹ sage ich, wenn ich reinkomme, und dann erzählen wir uns, was es Neues gibt. Das hilft.« | **Adresse** Rhinstraße 17, 10315 Berlin-Lichtenberg

57 Isa von Hardenberg

Gastgeberin

Die Einladungen aus dem Hause Hardenberg waren schon immer stadtbekannt. Isa von Hardenberg besaß bereits zu Westberliner Zeiten ein besonderes Gespür dafür, in ihrem Haus alle zusammenzubringen: die neu Zugezogenen und die Alteingesessenen, die ältere und die jüngere Generation, die Tegeler und die Zehlendorfer – in ihrem Haus fühlten sie sich alle wohl.

Und das ist noch immer so. Auch wenn ihre Gästelisten heute weitaus umfangreicher und internationaler ausfallen. Das Wichtigste, so die Gräfin, sei nach wie vor: Die Menschen, ohne dass sie es merken, miteinander ins Gespräch zu bringen. Oder, wie sie es ausdrückt: »Wenn das Placement stimmt, dann wird der Abend ein Erfolg.«

Heute ist Berlin Mittelpunkt internationaler Veranstaltungen. Doch in den 80er Jahren, vor dem Fall der Mauer, gab es in Westberlin kaum gesellschaftliches Leben. Immer öfter aber kam es vor, dass Freunde sie baten, ihnen dabei zu helfen, eine Feier oder ein Familienfest auszurichten. Und irgendwann sagte jemand: Du brauchst eine Visitenkarte. »Zuerst kam ich mir wie eine Hochstaplerin vor.« Aber dann fiel die Mauer, und die Visitenkarten der Gräfin Hardenberg verteilten sich immer schneller. Denn: Es gab in dieser plötzlich angesagten Stadt keinen vergleichbaren Veranstalter, der mit dem richtigen Gespür die Gästelisten mit bekannten Persönlichkeiten auffüllen konnte, einen besonderen »Berlin«-Ort in einen festlichen Bankettsaal verwandelte und wo die Töchter und deren Freundinnen am Abend als Hostessen mithalfen und so alles irgendwie auch noch familiär anmutete.

Heute sagt Isa von Hardenberg, dass ihr der Erfolg geschenkt wurde, weil der Moment stimmte. Aber wenn man sich die Liste ihrer Kunden ansieht, dann wird schnell klar: Ihr Name steht nach wie vor für High Society in Berlin. Da kann keine internationale Konkurrenz mithalten.

Lieblingsort Das Literaturhaus: »Dieses Café mit seinem Garten ist für mich eine Oase im Großstadt-Trubel. Ich habe dort einen Stammplatz auf der Veranda und bin sehr dankbar für diesen Ort der Beständigkeit.« | **Adresse** Fasanenstraße 23, 10719 Berlin-Charlottenburg

58 Isabella Mamatis
Geschichtensammlerin

Von der Welt ihrer Großeltern haben die meisten Kinder eine ungefähre Vorstellung. Aus dem Fernsehen. Fürs Erzählen und Fragenstellen bleibt immer weniger Platz und Zeit. »Und das«, sagt Isabella Mamatis, »das wollte ich ändern.« Die Schauspielerin hat eine Art Ritual erfunden, um die Großelterngeneration und die Kinder in ihrem Viertel zusammenzubringen. Es ist ein alljährlich wiederkehrendes Spiel in drei Akten. 1. Akt: Zeitzeugen und Schulklassen treffen sich und sprechen über ein bestimmtes Thema. 2. Akt: Die aufgeschriebenen Geschichten werden in die Öffentlichkeit getragen und gemeinsam mit allen zufälligen Gästen an der sogenannten Langen Tafel gefeiert! Dafür wird einmal im Jahr die Bergmannstraße in Kreuzberg gesperrt, und an einer enormen Tafel aus unzähligen aneinandergereihten Biertischen werden Spaghetti serviert: 1.200 Gäste waren es 2015, das macht: 100 Kilo Spaghetti, 125 Liter Soße und fünf Kilo Parmesan. Und schließlich der 3. Akt: Die Geschichten werden in einer Chronik festgehalten, und alle Teilnehmer bekommen eine Auszeichnung.

Und daraus hat sich dann wieder ein nächstes Projekt ergeben: Isabella Mamatis hat die Schüler gebeten, in ihren Familien nach Geschichten zu fragen und diese aufzuschreiben. Was für bewegende Ergebnisse dabei herauskamen! »Das haben die Jugendlichen auch selbst gemerkt!«

Die Lange Tafel ist längst nicht mehr bloß ein Kreuzberger Phänomen. In zwölf Berliner Bezirken und vielen anderen Städten gibt es inzwischen das generationsübergreifende Spaghettiessen. Sogar Los Angeles ist 2016 das erste Mal dabei. Toll wäre jetzt nur noch China, überlegt Isabella Mamatis laut, aber da würde sie wohl selbst hinfahren müssen, um die Lange Tafel aufzubauen! Warum eigentlich nicht? Ihre Augen leuchten. Die vielen Geschichten, die man dort sammeln könnte – das darf man sich doch eigentlich nicht entgehen lassen!

Lieblingsort Die Drehscheibe vom Südgelände: »Diese enorme Drehscheibe inmitten des überwucherten ehemaligen Bahngeländes fasziniert mich. Man steht davor und denkt: Und von hier aus fuhren einmal die Züge in alle Richtungen los!« | **Adresse** Natur-Park Südgelände, Prellerweg 47–49, 12157 Berlin-Schöneberg

59_Jack Hunter

Bürgermeister von Old Texas Town

Wenn er vor dem Rathaus auf der Treppe steht und die breite, staubige Straße hinunterblickt, dann kann Jack Hunter nicht verbergen, wie stolz er auf seine kleine Stadt ist, die in unmittelbarer Nähe zum Canyon liegt und an Mexiko grenzt, aber eine Spandauer Postanschrift hat. Deshalb geht er jetzt auch erst mal zum hohen holzpfählernen Tor und leert den Briefkasten.

Jack Hunter heißt eigentlich anders. Aber seit er Vereinsvorsitzender vom Cowboy Club ist und jeden Tag in die Westernstadt kommt, ist er eben der Jack geworden. »Auch meine Frau nennt mich inzwischen so.« Er schmunzelt nach Bürgermeisterart. Und dann beginnt die Führung. Am letzten Wochenende haben sich alle Cowboys von Berlin hier getroffen und sind mit den großen Siedlerwagen in den Canyon gefahren, erzählt er und öffnet ein großes Tor gleich hinter der Schmiede. Ein schmaler Hohlweg, der in einen Platz mit aufragenden Steilwänden ringsherum mündet, alles grün, teilweise mit Steinplatten bestückt, in der Mitte eine Feuerstelle. Der Canyon sei erst kürzlich fertig geworden. Die Steinplatten seien dazu da, dass es ein bisschen mehr nach Texas aussieht, erklärt er. Von dem Industriegebiet ringsherum sieht man hier nur noch zwei kleine Schornsteine. Es ist wirklich eine kleine Oase.

Da erklingt von ferne eine Fanfare. Es ist das Handy des Bürgermeisters und Friedensrichters. Es gibt viel zu tun heute: Am Wochenende ist der Saloon für ein Essen und anschließende Feier mit Rodeo gebucht. Jack Hunter sieht zufrieden aus. Er hat einen Ort gefunden, wo er als Vermessungsingenieur anpacken kann, wo er für seine Gäste kochen darf und wo er seine Freunde trifft. Sie seien hier die Modellbauer, sagt er, macht eine ausladende Handbewegung und sagt mit theatralisch erhobener Stimme: »Unsere kleene Stadt.«

Lieblingsort Mexiko: »Hier, wo die Kakteen (unter den Birken) so schön beleuchtet sind, wenn es dunkel wird, sitze ich gern und gönne mir eine kurze Pause, abseits vom Trubel der Hauptstraße …« | **Adresse** Old Texas Town, Paulsternstraße 18, 13629 Berlin-Spandau

60 Jeanette Koepsel
Stadtjägerin

Wenn sie so dasteht mit dunkelgrünen Gummistiefeln, dem geschulterten Gewehr und den beiden italienischen Jagdhunden an der Leine, dann stört eigentlich nur die Bushaltestelle einige Meter weiter im Bild. Jeanette Koepsel ist Tierärztin und Jägerin. Aber eben in der Stadt. Und wenn sie erzählt, dann merkt man ziemlich schnell, dass ein Jäger in der Stadt viel mehr können muss als einer, der auf dem Hochsitz auf einer Waldlichtung sitzt. Denn wenn hier ein Jäger gerufen wird, dann ist es fast immer eine Notsituation. Und da alle Stadtjäger ehrenamtlich arbeiten, ist es auch oft schwer, jemanden zu finden – vor allem, wenn es nicht viel zu holen gibt. Fragender Blick. Jeanette Koepsel lacht und erklärt: Na, eine Trophäe.

Sie macht sich nicht viel aus den Geweihen. Ihr gehe es vor allem darum, das Tier zu retten, wenn es geht – oder eben zu erlösen. »Aber das muss man blitzschnell entscheiden.« Dass ihr das nicht schwerfällt, nimmt man der Spandauerin sofort ab. Jeanette Koepsel ist die Vermittlerin: Sie muss den Menschen das Verhalten der Tiere erklären. Und sie weiß, wovon sie spricht. Sie kennt die Stadt aus der Schweine-, Fuchs-, Waschbären- und Damwildperspektive: Sie kennt die Schleichpfade zwischen den Büschen entlang der großen Straßen, weiß, wie herrlich die Kompostsäcke im Herbst duften und wie die zugefrorenen Seen und Flüsse im Winter ganz neue Routen ermöglichen. Aber die Jägerin weiß auch, dass ein enorm großes Wildschwein wie die schreckliche Berta, die diesen Sommer Menschen mit Plastiktüten im Grunewald angegriffen hat, weil sie Fressen darin vermutete, eine Gefahr bedeutet und getötet werden muss.

Oft werde sie gefragt, warum sie das denn mache, diese gefährlichen Einsätze. Jeanette Koepsel lacht. Die beiden Hunde horchen auf, drehen die Köpfe zu ihr hoch, und sie streichelt ihnen lange und ausführlich über die langen Schlappohren.

Lieblingsort Der See im Volkspark Jungfernheide: »Ein herrliches Stück Natur, viel Weite und noch viel mehr Wild, und das mitten in der Stadt! Der Gang einmal um den See ist eine perfekte Runde – und hier habe ich auch die meisten Wildschweine geschossen.« | **Adresse** Heckerdamm 260, 13627 Berlin-Charlottenburg

61 Jessica Groß
Ärztin im Dienst

Sie wählt ihre Worte sorgfältig, erklärt die Situation: Menschen ohne Aufenthaltsgenehmigung haben in Deutschland keinen regulären Zugang zu medizinischer Versorgung. Und für diejenigen, die sich in einem laufenden Asylverfahren befinden, gilt: Nur im Notfall.

Und das, findet die Ärztin, darf nicht sein – ja, es widerspricht sogar der Ärztepflicht, nämlich zu helfen, bevor es zu spät ist. Deshalb gründete Jessica Groß 1996 zusammen mit anderen das »Medibüro« in Kreuzberg. Seitdem vermittelt dort ein Team von Ärzten zweimal in der Woche ehrenamtlich medizinische Versorgung für Migrantinnen und Migranten. Die Sprechstunden sind immer überfüllt. Es gibt in Berlin ungefähr 100 Ärzte, die kranke Menschen aufnehmen und auch ohne Bezahlung behandeln. Als Frauenärztin in einer Klinik konnte Jessica Groß sich Frauen, die ins Medibüro gekommen waren, teilweise in ihre ambulante Sprechstunde bestellen. Wenn eine stationäre Aufnahme nötig wurde, waren Verhandlungen mit der Geschäftsführung zwar immer schwierig, aber genau das hält sie in jedem Fall auch für ihre Pflicht als Ärztin: Der Kranke muss im Vordergrund stehen! Und jetzt wird ihre Stimme, die so sehr um eine sachlichen Ton bemüht war, doch ein wenig lauter – und lässt die Aktivistin in ihr durchschimmern.

Mit der Zeit sei ihr aber klar geworden, dass man nicht bloß auf die Eigeninitiative der Ärzte vertrauen kann. Aktuell setzt sie sich für eine längst überfällige politische Veränderung der medizinischen Versorgung von Flüchtlingen ein.

Und natürlich geht es auch immer wieder darum, Ärzte zu überzeugen. Es fehlen in Berlin vor allem Zahnärzte und Orthopäden, die Patienten übernehmen und mitbehandeln. Und das ist an dieser Stelle auf jeden Fall als Aufruf zu verstehen! Auf verschiedenen Ebenen zu kämpfen heißt nämlich auch, neue Kanäle zu entdecken und zu nutzen – so wie zum Beispiel Bücher über Berliner.

Lieblingsort Der Mehringhof: »Dieser Kreuzberger Hinterhof ist ein Zuhause für viele aktive linke Gruppen. Auch das Medibüro ist hier. Für mich bedeutet er politische Heimat und Identifizierung. Ich bin sehr gern dort.« | **Adresse** Gneisenaustraße 2a, 10961 Berlin-Kreuzberg

62__Joab Nist

Zettelsammler

»Lieber Post-Zusteller, warum Sie gestern bei mir klingelten, sich
von mir die Tür öffnen ließen, um mir dann eine Benachrichtigung
in den Briefkasten zu werfen, müssen Sie mir mal bei einem Bier erzählen. Prost! PS: Wohne im 1. OG.« Oder: »Hallo Rawad, melde
dich, du wirst Vater.« Nachrichten wie diese sind die echten Stim-
men von Berlin – und sie machen süchtig. So ging es zumindest Joab
Nist, der irgendwann damit begann, die Zettel mit den unbeholfe-
nen Handschriften und den anrührenden Zeichnungen, den wüsten
Beschimpfungen und hilflosen Gesuchen zu sammeln und in dem
Blog »Notes Of Berlin« zu posten. Und das war eine geniale Idee:
Denn von da an konnten alle mitmachen und ihre Fundstücke teilen!

Das, was die Zettel so besonders macht, ist ja, dass sie etwas auslösen – man kann gar nicht anders, als sich die Vorgeschichte auszu-
malen, die dazu führte, dass der Zettel zum letzten Ausweg wurde!
Leider kann man nicht losgehen und sich vornehmen, gute Zettel zu
finden, sagt Joab Nist. Aber dafür ist das Glücksgefühl dann umso
größer, wenn man einen entdeckt. »Schreib dir den Ärger von der
Seele« scheint die Devise der Stadt zu sein. Und es passt hierher.
Berliner haben sich schließlich noch nie ihre Schnauze verbieten
lassen. Es ist aber noch mehr, erklärt Joab Nist, die Zettel sind Mo-
mentaufnahmen ihrer Zeit. Die Nachrichten aus den Treppenhäu-
sern zeigen, wie es krachen kann, wenn alte und neue Mieter auf-
einanderprallen, was passiert, wenn die Gentrifizierung an der eigenen Wohnungstür rüttelt.

Joab Nist hat selbst seine erste Wohnung über einen Zettel gefunden. Er weiß, dass sie im Grunde unverzichtbar sind, um sich in
dieser großen Stadt zurechtzufinden. Und manchmal sind nur wenige Worte notwendig, um die Dringlichkeit der Botschaft auszu-
drücken – so wie hier im Schaufenster einer Näherei im Prenzlauer
Berg: BRAUTKLEID GEGEN KITAPLATZ!

Lieblingsort Die U8: »Ähnlich wie mit den Zetteln zeigt sich hier das wahre Berlin. Täglich, zu jeder Zeit und überall. Wer eine Stadt und ihre Bewohner kennenlernen möchte, sollte keine Stadtrundfahrten machen, sondern mit den öffentlichen Verkehrsmitteln umherfahren.« **| Adresse** Kottbusser Tor, 10999 Berlin-Kreuzberg

63__Joana Breidenbach
Überzeugungsgründerin

Sie legt das Tempo vor – und das ist kein langsames. Wenn Joana Breidenbach erzählt, wie alles anfing mit »betterplace«, dann sprudelt es nur so aus ihr heraus: wie sie zum ersten Mal die Idee hatte, damals, als sie mit ihrem Mann und ihren zwei Kindern eine Weltreise machte. Sie habe so viele kleine unabhängige Projekte kennengelernt und dachte bei sich, es müsse doch einen Weg geben, dass diese lokalen Hilfsprojekte Spendengelder bekämen. »So eine Art eBay für Hilfe – das wär's!«, überlegte sie damals, und dieser Gedanke blieb.

Zurück in Berlin überzeugte sie gemeinsam mit ihrem Mann eine Entwicklungshelferin und einen Programmierer – und schon stand das erste Team von betterplace. Und dass sie andere mit ihrer eifrigen Bestimmtheit anzustecken weiß, das glaubt man sofort – man ist es ja selbst auf Anhieb.

2007 startete dann die neue Spendenplattform, auf der seitdem große und kleine Projekte selbst ihr Profil erstellen und Spenden sammeln können. Das Neue daran: die Transparenz. »Sozialen Fortschritt zu bewirken ist harte Arbeit«, gibt die Kulturanthropologin zu bedenken. Und da laufe eben auch eine Menge schief. Kein Wunder, so Joana Breidenbach, dass es ein bisschen aus der Mode gekommen sei, zu spenden. Und das zu ändern ist ihre Mission.

Bei betterplace kann man zum Beispiel vom Computer aus das Honorar für einen Lehrer in Nigeria bezahlen. Direkt und ohne Gebühren. Man kann aber auch für Projekte im eigenen Kiez spenden – und zwar nicht nur Geld, sondern auch Zeit. Joana Breidenbach lacht: »Und dann wird einem auch schnell klar, dass wir in Deutschland noch viel lernen können von der Welt – vor allem im digitalen Bereich.« Aber eben auch darin, dass soziales Engagement für einen zivilgesellschaftlichen Fortschritt unverzichtbar ist. Und betterplace zeigt, wie das geht. Mit jedem Projekt ein bisschen mehr.

64_Jochen Sandig

Raumpionier

Er war damals 23 Jahre alt, als sie die große Ruine der Friedrichstra-ßenpassage besetzten. Sie nannten sie kurz: »Tacheles«. Ein Haus, in dem über 100 Künstler arbeiteten, lebten und feierten. »Ich habe damals schon alles auf die Kulturkarte gesetzt«, erzählt er heute, »wir haben alle überzeugt, dass Berlin genau das braucht.« Und das Tache-les wurde schnell zum Symbol für die neue Ära: Das Künstler-Haus stand für den Geist der Stadt, für dieses große Momentum des Auf-bruchs. »Und dieser Geist ist es ja immer noch, der die Menschen aus der ganzen Welt nach Berlin zieht!«

Jochen Sandig begegnete diesen Künstlern von überallher, die sich zusammenfanden, ausprobierten und sich so viel Neues trauten – und wusste: Es müssen Räume her, andere Räume, abseits der Opern-häuser und staatlichen Theater. Er gründete die »Sophiensæle« als eine der ersten alternativen Bühnen für die freie Szene der Stadt. Und heute leitet er das »Radialsystem« an der Spree, in dem auch die Tanzkompanie seiner Frau, Sasha Waltz, ein Zuhause gefunden hat.

Das Besondere und Gemeinsame aller drei Orte: Sie sind Begeg-nungsorte. Es gibt keinen auferlegten Duktus, Kunstformen können sich treffen, mischen und ergänzen.

Meistens, sagt der Kulturunternehmer, sind es ja die Räume, die zu neuen Ideen inspirieren. So hat Jochen Sandig 2012 im Radial-system zum ersten Mal selbst inszeniert: das Deutsche Requiem von Johannes Brahms als ein interaktives »human requiem« mit dem Rundfunkchor Berlin.

Aber natürlich hat sich Berlin weiterentwickelt, für Raumpioniere wird es schwerer, die Brachflächen verschwinden nach und nach aus der Innenstadt. Umso wichtiger sei es, sagt Jochen Sandig, diese Orte zu erhalten. Es sind die Menschen, die die Stadt mit ihren Ideen und Projekten füllen. Und auch wenn Berlin erwachsen wird: Die Berliner werden immer Räume brauchen, um Neues ausprobieren zu können.

Lieblingsort Funkhaus Nalepastraße: »Ein weiterer geschichtsträchtiger Ort mit Zukunftspotenzial, der aus dem Dornröschenschlaf wachgeküsst werden sollte. Neben der besonderen Architektur und der Lage inmitten der Natur enthält das ehemalige Funkhaus zwei der besten Sendesäle Europas – hier habe ich auch schon selbst inszeniert.« | **Adresse** Nalepastraße 18–50, 12459 Berlin-Oberschöneweide

65_Joe Hatchiban
Am Mikrofon

»Du kannst nicht immer 17 sein.« Langsam ebbt das Schunkeln ab. Und dann wird es wieder einmal beinahe ganz still auf den voll besetzten Steinstufen des Amphitheaters, alle Augen sind auf den bunt gestreiften Sonnenschirm in der Mitte gerichtet. Dort stecken zwei Köpfe über einem Laptop zusammen. Dann greift einer von ihnen zum Mikrofon und beginnt erst zaghaft und dann mit immer fester werdender Stimme zu singen. »You're my Wonderwall.« Das gelingt mal mehr und mal weniger gut. »Hey Jude.« Aber man sieht den Leuten auf der Bühne eins an. »Don't stop me now.« Sie sind sehr stolz auf sich. »I did it my way.«

Wie es dazu kam, dass sich jeden Sonntagnachmittag über 1.000 Menschen friedlich zum Singen im Mauerpark versammeln, ist, so Joe Hatchiban, eben eine Berlin-Geschichte. Sie hätte nur hier passieren können. Als er vor einigen Jahren aus irgendeiner Laune heraus, die er gar nicht mehr genau beschreiben kann, die Idee hatte, auf der Straße Karaoke zu singen, waren die Leute begeistert. Dann wollte er eigentlich nur mal testen, wie lange die Autobatterien für die Boxen durchhalten, und stellte sich in den Mauerpark in das Amphitheater.

Und als er dann eine Woche später wiederkam, saßen bereits einige Leute auf den Stufen und warteten auf ihn. Inzwischen ist der Karaoke-Sonntag zu einer Institution geworden. »Und das, obwohl ich selbst noch nie in einer Karaoke-Bar war«, sagt der Fahrradkurier. Aber das gemeinsame Singen ist eben irgendwie in ihm, in seiner Heimat Irland ist es schließlich eine jahrhundertelange Tradition. Er dreht sich kurz um. Jetzt ist er dran, der letzte Song ist jeden Sonntag »Minnie the Moocher« von Cab Calloway. »Hadihadihadiho«, singt er, und »Hadihadihadiho« kommt es aus Hunderten Kehlen zurück. Die Sonne geht langsam auf der anderen Seite des Mauerparks unter – und ja, es stimmt: Es macht einen froh, das gemeinsame Singen.

66 __ Joe Taylor
Stadtfarmer

Es ist ein bisschen so, als würde ein Baby schlafen. Alle scheinen darauf bedacht, möglichst leise und rücksichtsvoll zu sein – am liebsten möchte man selbst nur noch flüstern. Das Baby, um das sich hier bei »Infarm« alles dreht, ist ein Kasten, in dem Gemüse angebaut wird. Ohne Sonne, zu jeder Jahreszeit, in aufregender Geschwindigkeit, und zwar schon bald. Wenn Joe Taylor von seiner sogenannten Microfarm erzählt, die er gerade mitentwickelt, dann muss er sich hin und wieder bremsen – denn zu viel darf er nicht erzählen. Das Baby schläft ja noch.

Aber so viel sei schon mal verraten: Die Salate, Kräuter und Sprossen werden frischer sein und besser schmecken als das, was wir heute kaufen können. »Jeden Tag einen Salat«, verspricht Joe Taylor sich von den Mikro-Pflanzkästen. Das Gemüse im Supermarkt muss ja nach der Ernte mühsam verfrachtet und tagelang transportiert werden. Von den Erträgen, so der gebürtige Australier, gehen allein bis zu 40 Prozent auf dem Weg verloren. Und es kostet eine Menge Energie.

Und da die Städte wachsen und die Nachfrage nach frischem Gemüse steigt, haben sich die Microfarmer hier in dem Kreuzberger Hinterhaus etwas ausgedacht. Eine Vitamin-Brutstätte für jede Küche. In einem Nebenraum gibt es schon einen Vorgeschmack darauf, wie die Pflänzchen auf Hydrokultur-Töpfchen unter den LED-Lampen sprießen. Es plätschert und rauscht, es ist angenehm warm – und es ist ein bisschen wie ein Wunder, wenn hier auf den Regalen einfach so aus dem Nichts heraus so viel unterschiedliches Grün heranwächst. Joe Taylor bastelt mit einem Team von Medizinern, Biologen, Technikern und Filmemachern dieses neue Mikro-Gewächshaus. Der Designer kümmert sich hier hauptsächlich um die kleinen elektronischen Feinheiten, die in dem Innengarten für Erträge sorgen. Aber vor allem ist er wie jeder hier Visionär. Und natürlich Feinschmecker.

Lieblingsort Die Weserstraße: »Hier kann man einfach abends die Straße entlanglaufen und Freunde treffen – und zwar ohne sich vorher verabreden zu müssen. Das ist schon was Besonderes in Berlin.« | **Adresse** 12047 Berlin-Neukölln

67 Josef Foos
Yogi-Mann

Sie verharren in Hund oder Baum, in Brücke oder Kerze. Was kein Wunder ist, sie sind ja auch aus Kork und Holz. So schweben sie über all dem, was uns auf den Straßen so maßlos ärgern kann, und scheinen einem mit ihrer unerschöpflichen Yogi-eigenen Gelassenheit von oben herab zuzuflüstern: Nur kein Stress!

Josef Foos ist Yoga-Lehrer und fährt jeden Tag auf seinem Fahrrad durch die Straßen von Berlin. Erreicht er eine Kreuzung, blickt er mit prüfendem Blick auf alle vier Ecken. Und wenn er die Straßenkreuzung einige Zeit später wieder verlässt, kann es sein, dass auf einem Straßennamenschild eine kleine Yogi-Figur zurückbleibt. Seit 2009 ist er nun bereits in seiner Mission unterwegs. Er beschreibt sie kurz mit: etwas Schönes in die Welt bringen.

Aber genau wie beim Yoga, erklärt er, ist die Botschaft auch noch mehr: Yoga-Positionen drücken zwar innere Freude aus, aber sie dienen auch dazu, Kraft aufzubauen, durch Dehnungsschmerzen zu gehen und Blockaden zu überwinden. Und deshalb sollen die kleinen Kork-Yogis auch nicht nur nett und lustig daherkommen, sondern zeigen, dass durch Ausprobieren neue Möglichkeiten entstehen. Einige der kleinen Wesen haben Leuchtwesten an, andere sind mit Goldpapier geschmückt, und wieder andere haben ein Herz oder eine Sonne auf dem Bauch. Und es werden mehr: Auch andere machen inzwischen mit und stellen eigens kreierte Mini-Yogis auf. Auf seiner Internetseite hat Josef Foos eine Bastelanleitung hochgeladen.

Sie sind versteckt wie Ostereier, sagt Josef Foos, es ist immer ganz unerwartet, wenn man eine kleine Figur in Pose über sich entdeckt. »Mich macht es jedes Mal aufs Neue froh – auch, wenn ich es selbst war, der sie aufgestellt hat.« Eins steht fest: Sie machen die Stadt lebendiger. Denn die Yogis sind sich nicht selbst genug. Sie zwinkern uns zu und verändern für einen Augenblick und länger unsere Sichtweise.

Lieblingsort Der Richardplatz: »Dieser Platz ist zu meiner Heimat geworden. Ich sitze dort oft noch bis spät in die Nacht auf der Bank und schaue in den Himmel.« **| Adresse** 12055 Berlin-Neukölln

68_Julius von Bismarck
Reaktionstester

Anfangs werden seine Ideen oft nicht besonders ernst genommen. So wie die Kinder-Lego-Welten von Erwachsenen nicht ernst genommen werden. »Aber ich bin seit der Lego-Zeit dabeigeblieben«, erklärt Julius von Bismarck, »und bastele immer noch.« Was neu dazugekommen ist: Heute konfrontiert der Künstler andere mit seinen Ideen. Wie zum Beispiel mit dem toten Fisch. Er wird in einem Museum zu sehen sein. Aber nicht auf einem Podest oder Tisch – der Fisch soll mitten im Raum auf dem Boden liegen. Das Besondere: Mit einer Beatmungsmaschine und einem versteckten Schlauch wird Luft in den Fisch gepumpt, was ihn den Mund auf- und zumachen lässt. Das sieht dann so aus, als würde er atmen. Und dann ist nämlich jeder gefragt, sagt Julius von Bismarck. Jeder, der vorbeigeht, wird im selben Moment zum Akteur und muss sich entscheiden: Rette ich den nach Luft japsenden Fisch, oder gehe ich einfach weiter? Und egal, wie man sich entscheidet – man wird hinterher darüber nachdenken, wie man sich verhalten hat.

Es gibt Kunst, die ist schön anzusehen. Aber Julius von Bismarck möchte mit Kunst etwas anderes erreichen: »Sie muss etwas auslösen, Gefühle erzeugen. Und am besten Gefühle, die unerwartet sind.« Dann wird der Betrachter, der eigentlich in der Kunst eine passive Rolle einnimmt, selbst aktiv. Auch wenn er es manchmal nicht gleich bemerkt. So wie bei seiner selbst konstruierten Kamera, der »Image Fulgurator«, die, ausgelöst durch die Blitze anderer Kameras, Schatten projiziert, die dann wiederum auf den Bildern der Blitzkameras zu sehen sind: unerwartete Symbole oder Sätze, die das Motiv in einen neuen Zusammenhang rücken.

Es sind diese Überrumpelungsmomente, die einen auffordern, sich seinen Vorbehalten zu stellen. Und nimmt man die Aufforderung an, bekommt man die wunderbare Gelegenheit, die eigene Wahrnehmung einmal aus ganz anderer Perspektive zu sehen.

69_Jutta Weitz

Mitte-Macherin

»Ich war doch eigentlich bloß ganz normal bei der Wohnungsbaugesellschaft Berlin-Mitte in der Gewerberaumabteilung angestellt«, sagt sie und wehrt den oben stehenden Untertitel entschieden ab. Doch viele kennen Jutta Weitz von der WBM als diejenige, die nach der Wende die leer stehenden und nicht renovierten Ladenräume in Mitte für befristete Zeit zur Verfügung gestellt hat – eben so lange, bis die Eigentumsverhältnisse geklärt waren. Und das konnte manchmal viele Jahre lang dauern. So wurde in dem kleinen Beratungsraum von Jutta Weitz das Prinzip der Zwischenraumnutzung für Berlin-Mitte geboren. »Ich habe es anders gemacht, das stimmt. Ich habe mir Zeit genommen.« Jutta Weitz brachte die Menschen und ihre Visionen zusammen. Zum Beispiel beim gemeinsamen Frühstück bei sich zu Hause. »Es war ja wichtig, dass sich die Leute auch untereinander kennenlernten, damit sie sich besser vernetzen konnten.«

Die Dienstage und Donnerstage hat sie geliebt, denn das waren die Sprechstunden-Tage. »Es gibt doch nichts Spannenderes als Menschen mit Ideen!«, ruft Jutta Weitz aus und fährt dann fort: »Es ist ja auch meine Stadt – und wenn man einmal im Leben die Möglichkeit hat, was mitzugestalten, dann muss man es doch auch machen, oder?«

Es gab ungefähr 4.000 Gewerberäume, die in den Jahren 1988 bis 2007 von der WBM verwaltet wurden. Und sie sind nach und nach zu den Orten geworden, die das Credo ihrer Ära verkündeten: Nichts ist für die Ewigkeit, alles ist irgendwie möglich, macht mit!

Und einige von diesen Orten, denen Jutta Weitz damals mit auf die Beine geholfen hat, wie zum Beispiel das »Acud«, die »Kalkscheune« oder die »Sophiensæle«, haben es geschafft. Sie konnten sich trotz der Veränderung ihrer Umgebung behaupten und sind zu unverzichtbaren Orten für die Stadt geworden – denn sie erzählen davon, dass alternative Konzepte denkbar sind. Auch heute.

70 Kai Gildhorn

Selbstbediener

Im Grunde ist es selbstverständlich: Wenn ein Baum voller reifer Früchte hängt, dann muss man zugreifen! Aber es ist auch noch mehr. Kai Gildhorn, der schon als Kind mit seinem Vater jeden Herbst losgefahren ist, um das Straßenobst zu ernten, sucht nach den richtigen Worten: Es ist ein Gefühl von Glück und Freiheit. Es ist überwältigend. Und deshalb lag es für ihn auch nahe, diese Erfahrung mit anderen zu teilen.

2009 hat Kai Gildhorn die Plattform »Mundraub« gegründet. Die Idee ist einfach und wahrscheinlich deshalb so überzeugend: Eine Karte im Internet, auf der jeder eintragen kann, wo ein Apfelbaum steht, wo Sanddorn wächst oder wo wilde Brombeeren geerntet werden können. Es ist verblüffend, wenn man sich anguckt, was in der Nähe der eigenen Haustüre so alles wächst! Und dann geht es einem so, wie es Kai Gildhorn schon lange geht: Man läuft mit anderen Augen durch die Parks, scannt die Flussufer und Bahnhofsvorplätze – und jubelt laut auf, wenn man einen Walnussbaum neben dem Supermarkt entdeckt.

Die Idee der Gemeingüter ist keine neue Erfindung. Schon im alten Preußen gab es das sogenannte Ehestandsbaumgesetz, welches besagte, dass jedes Paar, wenn es getraut wird, drei bis vier Bäume entlang der Straße pflanzen muss. Das Obst war ursprünglich für die Verpflegung der Soldaten gedacht. Aber, sagt Kai Gildhorn, wir profitieren heute ja noch immer davon, weil sich dieser Brauch über lange Zeit gehalten hat. Die Obstbäume an den Straßen stammen noch aus dieser Zeit. Und da geht es auch für ihn weiter. Mit der Plattform verdient er kein Geld. Die ist, genau wie die Obstbäume entlang der Alleen, für alle frei zugänglich. Aber inzwischen berät Kai Gildhorn Firmen wie Stromnetzbetreiber oder Windparkentwickler, die Ausgleichspflanzungen leisten müssen. Denn es ist wichtig, neue Obstbäume zu pflanzen, damit der alte Brauch erhalten bleibt!

Lieblingsort Der Kegel: »Dieser Ort war einer der besten Gründe, nach Berlin zu ziehen. Hier habe ich Freunde kennengelernt, bin viel geklettert und habe mich unsterblich verliebt.« | **Adresse** Revaler Straße 99, 10245 Berlin-Friedrichshain

71 Kingsley Arthur
Willkommenheißer

Der Pastor der »International Christian Revival Church« verspätet sich. Er musste noch einer Gruppe von Flüchtlingen einen Ort zum Übernachten vermitteln. Die Menschen aus Ghana sind über Libyen nach Lampedusa gekommen und konnten sich bis Berlin durchschlagen. Schon auf dem Boot im Mittelmeer haben sie die Nummer von Kingsley Arthur im Wedding bekommen – als eine wichtige Nummer in Europa.

Der Pastor, der selbst vor 35 Jahren aus Ghana nach Deutschland gekommen ist, scheint sich nicht besonders darüber zu wundern. In seiner Kirche, dem hellen gelben Raum mit den kornblumenblauen Stühlen, treffen sich jeden Sonntag Menschen aus über 20 Ländern zur Gospelmesse. Anschließend – die Bar befindet sich direkt neben dem Altar – wird zusammen gegessen und getrunken. Die Gemeinschaft steht hier an erster Stelle. Und während der Messe bittet ein Willkommens-Team an der Tür die Menschen von der Straße hinein. Pastor Arthur strahlt: Es sind jeden Sonntag neue Gesichter hier!

Aber als Christ trägt er auch eine Verantwortung für die Gemeinschaft, in der er lebt, sagt er. Deshalb gründete Kingsley Arthur ein paar Straßen weiter ein Beratungsbüro. Die Menschen, die dorthin gehen, stammen auch von überallher. Die meisten von ihnen leben jetzt im Wedding.

Ob Kirche oder Beratungsstelle – die Orte, die Kingsley Arthur im Wedding ins Leben gerufen hat, sind vor allem eins: offen für alle. Das ist seine Vision, und dafür hat der Pastor unter anderem gerade das Bundesverdienstkreuz erhalten. Und der Wedding ist genau der richtige Ort dafür. Es braucht nicht viele Worte, um das zu erklären. Es reicht aus, ihn ein paar Schritte zu begleiten. Wenn er durch die Straßen geht, grüßen ihn fast alle: Ein kaum sichtbares Nicken, eine stürmische Umarmung, ein fester Händedruck – der Pastor aus dem Wedding erwidert alles und strahlt jedes Mal wie ein kleiner Junge.

72 Klaus Bittermann
Kiezheldenchronist

Berlin erfindet sich immer wieder neu, und zwar in einem Tempo, mit dem kein Mensch mithalten kann. Wenn darüber geschrieben wird, dann gelingt dies meist nicht ohne den wehmütigen Unterton, dass alles so bleiben soll, wie es ist. Klaus Bittermann wohnt seit 1981 im Kreuzberger Gräfekiez und weiß aus Erfahrung, dass man Veränderung nicht aufhalten kann. Vielleicht schafft er es deswegen, die Momente seiner Umgebung als das festzuhalten, was sie sind: bruchstückhafte Zitate ihrer Zeit. Wenn das so einfach wäre! Seine ersten Geschichten waren oft noch unerträglich tendenziös, findet der Verleger, von der eigenen Meinung und Moral getrieben. Aber nach und nach sind sie immer mehr zu echten Beobachtungen geworden.

Im Mittelpunkt seiner Erzählungen stehen diejenigen, die immer weniger werden im Szeneviertel Gräfekiez: die Trinker, Penner und Raufbolde. Es sei nicht so, dass sie etwas Besonderes zu erzählen hätten, sagt Klaus Bittermann, aber das, was sie sagen, träfe eben oft den Nagel auf den Kopf, auf eine liebenswerte und unnachahmlich direkte Weise. »Da liegt Wahrheit drin.« Wenn diese Menschen verschwinden, hinterlassen sie Lücken. So wie die Frau, die Klaus Bittermann jeden Morgen auf dem Weg zum Bäcker aus ihrem Hochparterrefenster grüßte und die dann eines Tages nicht mehr da war. In seinen Erzählungen erinnert er an jene Kiezhelden, indem er die Begegnungen mit ihnen festhält. Zuweilen sind das auch ganz und gar unerwartete Erscheinungen, so wie damals, als sich ihm plötzlich einer in den Weg stellte und fragte: »Willste ma' 'n Witz hörn? Hier isser: Möbel zu Hause, aber kein Geld für Alkohol!«

Liest man die Geschichten von Klaus Bittermann, fühlt es sich so an, als hätte man sie selbst gerade erlebt. Es bleibt einem vollkommen selbst überlassen, was man jetzt anfängt mit diesem Witz. Aber eins ist sicher: Vergessen kann man ihn so schnell nicht wieder.

Lieblingsort Das Café am Friedhof: »Wenn am Nebentisch keine intimen Eheprobleme verhandelt werden, ist die von den Nachbarn ausstrahlende Ruhe so himmlisch, dass man sogar ein
Buch lesen kann.« | **Adresse** Café Strauss, Bergmannstraße 42, 10961 Berlin-Kreuzberg

73_Klaus Cornfield
Berlins Sonnenschein

Es braucht immer einen, der alle anderen ansteckt. So einer ist Klaus Cornfield. Er war es, der vor beinahe zehn Jahren seine Freunde alle zwei Wochen in einem Park zusammentrommelte. Einfach so. Dann kam irgendwie eins zum anderen. Die ersten Lieder, welche die Freunde mit kleinen mitgebrachten Instrumenten auf der Wiese im Schatten unter den Bäumen spielten, waren eben die zwei Lieder, die alle von ihnen kannten: »Walking on Sunshine« und »Sunshine Reggae« – und damit war ihr Motto geboren: Sommer.

Sie nannten sich »Orchestre Miniature in the Park«, und es kamen immer mehr Instrumente dazu: Miniklaviere, Kinderbass, Glockenspiele, Blockflöten und sogar ein Kinderschlagzeug. Die rund 30 Menschen hinter den Kinderinstrumenten wirken auf den ersten Blick ein bisschen zu groß geraten, aber dann stecken die unaufdringlichen und fast zarten Töne jeden im Publikum an. »Here comes the sun. It's all right, little darling« – alle summen mit, wippen mit den Füßen, bis sie dann am Ende laut mitgrölen: »Sun! Sun! Sun! here it comes!« Klaus Cornfield liebt diesen Moment, wenn der Funke überspringt. Denn das ist ja seine Botschaft: »Jeder kann es, schließlich ist Sommer – traut euch!«

»Ich, Du und die Sonne«, »Fräulein Sommer« und »Die Sonne ist da« heißen die Songs, und alle haben eins gemeinsam: Sie machen gute Laune und Lust auf Sommer. Und das ist wichtig für Berlin. Denn die Sommer sind kurz und intensiv, und die Winter können endlos lang und grau werden. Wer es da verpasst, den Sommer zu zelebrieren, der hat es den Rest des Jahres ziemlich schwer. Klaus Cornfield hat dies selbst einmal erlebt. Seine neueste Idee ist es, den Sommer von den bunten und überbrodelnden Parks der Innenstadt auch an die scheußlichen Unorte dieser Stadt zu bringen. Die Mission soll dann beweisen: Ob Brachfläche, Betonwüste, Großparkplätze – egal, Hauptsache: Sommer!

Lieblingsort Der Gleimtunnel: »Das ist mein Lieblingsort, weil mir dort vor zehn Jahren eine Fee in Spitzenunterwäsche auf Rollerskates erschienen ist – was sich aber schnell als Dessous-Mode-Shoot für ein Lifestyle-Magazin entpuppte :-)« | **Adresse** Gleimstraße, 10437 Berlin-Prenzlauer Berg

74 Klavierhelmut

Pianomann

Als er vor einigen Jahren aufhörte, als Klavierstimmer zu arbeiten, da dachte er bei sich: Jetzt hast du endlich Zeit, zu spielen. Klavierhelmut, so wurde er irgendwann von allen genannt – und so meldet er sich inzwischen auch am Telefon. Aber es mache eben einen Unterschied, ob man zu Hause für sich spielt oder für Menschen, erklärt er. Und weil die Menschen nicht alle zu ihm kommen können, geht er eben raus zu ihnen. Während er spricht, blickt er aufmerksam die Straße hoch, um die nächste Lücke im Autostrom abzupassen und sein Klavier ein oder zwei Parklücken weiter zu schieben. Denn wenn das Wetter stimmt, dann schnallt Helmut sein Klavier auf einen Rollwagen, einen Barhocker obendrauf – und zieht los, den Kottbusser Damm hinauf, bis er die Brücke erreicht hat.

Wenn er dort einen Platz gefunden hat, muss er noch einige Tasten nachstimmen, die unter dem Geruckel gelitten haben – und dann kauft er sich eine Flasche Rotwein. »Denn«, erklärt er, »wenn die Flasche nicht auf dem Klavier steht, dann denken alle, die mich kennen: Der macht's nicht mehr lange.« Der Rotwein gehört dazu, wenn langsam die Sonne untergeht und den Himmel über der Brücke einfärbt. Dann beginnt Klavierhelmut zu spielen. Und dabei geht eine Verwandlung mit ihm vor. Gerade hat er noch mit den Umstehenden gewitzelt, sich aufmerksam nach bekannten Gesichtern umgeblickt, doch kaum sitzt er vor seinen Tasten, scheint er alles um sich herum zu vergessen, die selbst gedrehte Zigarette brennt weiter zwischen seinen Zähnen, als einziges Zeugnis dafür, dass die Zeit weiterläuft.

Und genau das ist es auch, was alle Fußgänger, Einkäufer und Fahrradfahrer ansteckt. Sie lassen sich darauf ein – und verweilen. Im ersten Moment ist es eine Überraschung, diese Töne, die man nur aus geschlossenen Räumen kennt, in den Himmel entschweben zu hören, und dann ist es eigentlich nur noch eins: ein Geschenk.

Lieblingsort Der Teich im Viktoriapark: »Es gibt zwischen Wasserfall und Tiergehege einen kleinen verborgenen Teich. Wenn die Rhododendren drum herum blühten, habe ich dort immer gern geübt. Das hat die Leute von überallher in das Versteck gelockt.« | **Adresse** Kreuzbergstraße, 10965 Berlin-Kreuzberg

75_ Lo Graf von Blickensdorf

Adelig aus Leidenschaft

Auf der Visitenkarte prangt eine prächtige Krone auf dem gelb-roten Wappen über der Schnörkelschrift. Damit steht fest: Der Graf macht keine halben Sachen. Das Wappen bastelte sich der Künstler und Autor an einem dieser Tage, als wieder einmal alles ziemlich mies lief, keine Aufträge, keine Anrufe. Und dann, ja dann kam eben eins zum anderen. »Fest steht«, so Lo Graf von Blickensdorf, »dass nicht ich mich zum Grafen gemacht habe, sondern die anderen. Ich habe immer gesagt, dass ich kein echter Graf bin.« Aber er musste ziemlich bald zugeben, dass es die Rolle seines Lebens ist. Die Visitenkarten waren seine einzige Ausgabe, seitdem lebt er von seinem Künstlernamen, schreibt Bücher über das Adeligwerden und spielt in Filmen mit. Ein Freund schickte ihn damals ins KaDeWe, damit er sich auch wie ein Graf kleidete. Er hatte allerdings nur 200 Euro dabei.

»Da zeigte ich meine Visitenkarte und sagte schüchtern, dass ich etwas zum Anziehen bräuchte, eine Erbschaft stünde ins Haus …« Das sei das einzige Mal gewesen, wo er ein bisschen geschwindelt hätte, gibt er zu. Aber es diente der Sache, und heraus aus der Drehtür kam ein völlig neuer Mensch: ein Gentleman mit Weste, Tweedjackett und Seidentuch. Seinen Stock mit dem silbernen Knauf bekam er eines Tages dazugeschenkt. »Seitdem erlebe ich jeden Tag Überraschungen, und zwar nur schöne!«

Eigentlich, so der Graf, komme er ja aus der Hausbesetzerszene. Aber na ja, Zeiten ändern sich, sagt er mit mildem Grafenlächeln. Jetzt bekommt er unzählige Einladungen zu Celebrity-Veranstaltungen, wird von Limousinen abgeholt, kann sich vor Frauen kaum retten, bekam bereits alte Schlösser und eine Bahncard geschenkt. Alles nur wegen dieses kleinen Namenszusatzes. Aber es ist ja nicht nur das: Der Graf nimmt einen sofort für sich ein mit seiner höflichen Art, seinem Stil und seinem Witz. Ein richtiger Vorzeige-Adeliger eben.

76 Maike Plath

Bildungsrevoluzzerin

Irgendwann hatte sie es geschafft: Sie waren da! Im Klassenzimmer an der Neuköllner Hauptschule hatte sie als Lehrerin vor den Schülern gestanden und sich immer gefragt: Wo sind die eigentlich? Aber Schüler und Lehrer hatten hier längst aufgegeben und sich zurückgezogen. Das konnte Maike Plath nicht mit ansehen. »Ich kündigte einen Theaterkurs an und wollte die Aula dafür.« Die Aula? Das Heiligtum der Schule, das nur zweimal im Jahr aufgeschlossen wurde? Die Kollegen schüttelten die Köpfe. »Kommt eh niemand«, sagten sie resigniert. Doch sie überließen ihr den Aula-Schlüssel.

Und dann waren sie endlich da. Nach drei Monaten zähem Ausharren hatte Maike Plath den Jugendlichen klarmachen können: Hier geht es nicht um mich. Die Schüler hatten zwar noch immer ihre Zweifel, aber sie merkten, sie wurden aufgefordert. Das war neu! Und sie legten los: Sie erfuhren, was Bühnen- und Lebens-Präsenz ausmacht, und entwickelten eigene Theaterstücke, basierend auf ihren Biografien. Das fühlte sich gut an! Es ging um ihre Themen, und sie bestimmten den Ablauf. Das war im Jahr 2004.

Und dann, fünf Jahre später, ging alles plötzlich sehr schnell: Die Schulrätin befand, dass die Theaterkurse nicht dem Lehrplan entsprachen, und forderte Plath auf, »Dienst nach Vorschrift« zu machen. Das war der Moment, in dem Maike Plath wusste: Sie konnte nicht länger Teil dieses Systems sein. Aber die Jugendlichen konnte sie auch nicht aufgeben. Also kündigte sie.

Heute schreibt Maike Plath Bücher über neue Bildungsformen, leitet den Verein »ACT – Führe Regie über dein Leben«, hält bundesweit Vorträge und konzipiert einen Studiengang zu diesem Thema. Und demnächst hat ihre Theatergruppe die fünfte Premiere. »Von innen konnte ich das Schulsystem nicht verändern. Also versuche ich es von außen.« Und es bewegt etwas! Nicht nur bei den Schülern, die sagen: »Frau Plath ist eine Legende!«

Lieblingsort Das Studio im Heimathafen Neukölln: »Diese kleine Bühne ist ein symbolischer Ort für mich geworden, hier begann meine Theaterarbeit mit den Jugendlichen neu – und geht immer noch weiter.« | **Adresse** Karl-Marx-Straße 141, 12043 Berlin-Neukölln

77__Manuel Bonik

Birdman

Die Baulücken mit ihren verwitterten Altbaufassaden verschwinden mehr und mehr aus der Stadt. Glatte gläserne Neubauten nehmen ihre Plätze ein. Die Folge: Die langjährigen Bewohner werden verdrängt. Es gibt kaum noch Platz für die Singvögel. Denn wo sollen sie nisten? Und da sich sonst niemand um ihren Verbleib zu kümmern schien, haben Manuel Bonik und Maria-Leena Räihälä zusammen die »Morgenvogel Real Estate« ins Leben gerufen. Es ist: eine der Kunst verschriebene Berliner Immobilienfirma. Sie machen: Vogelhäuser, gezimmert und nummeriert, und bringen diese an den Bäumen, Laternen und Fensterbrettern dieser Stadt an. An die 300 Nistkästen hängen schon, bezugsfertig für Spatzen, Meisen, Kleiber und Trauerschnäpper. Andere Modelle bieten Staren und Mauerseglern ein Zuhause in Berlin. Auf einer Karte im Internet sind alle Morgenvogel-Immobilien verzeichnet. Das macht Mut: Die Karte ist ganz rot vor lauter Punkten. Aber Morgenvogel kümmert sich nicht nur um heimatlose Vögel: In einem E-Mail-Verteiler schickt der Journalist, Verleger und Zeitschriftenkünstler Manuel Bonik Wohnungsangebote von Freunden an Freunde weiter – und umgeht somit die gängigen Maklerbüros dieser Stadt.

Und gleichzeitig ist Morgenvogel gewachsen, immer weiter und in alle Richtungen. Aus der Vogelhäuser-Aktion entstand ein ganzes Spektrum zu dem Thema: ein Laden mit Ausstellungen, Festivals, die Tannenbaum-Rakete »M4PL«, das »Kosmische Ei«, Buch und App »Morgenvogel Real Estate«.

Morgenvogel ist Kunst, die ausprobiert und das eigene Umfeld ernst nimmt – und erfrischend unprätentiös. Ein bisschen so wie Ostberlin nach dem Mauerfall. Es ist gut, dass hier Menschen weiter Nischen und Nistmöglichkeiten aufrechterhalten! Oder auch, in anderen Worten (hier: die Nachtigall): *Ih ih ih ih ih watiwatiwati / Diwati quoi quoi quoi quoi quoi quoi / Italülülülülülülülülü / watiwatiwatih!*

Lieblingsort Der Turm der Zionskirche: »Freier Blick bedeutet freie Gedanken – und von oben sieht man die Stadt aus ganz anderer Perspektive, nämlich aus Vogelperspektive.« | **Adresse** Zionskirchplatz, 10119 Berlin-Mitte

78_Marcus Benser

Blutwurstritter

Über dem Schreibtisch hängt ein gerahmtes Bild, das die Urgroßeltern Benser vor ihrer Fleischerei zeigt, in Anzug, Sonntagskleid und Hut. Schon sein Urururgroßvater war Fleischermeister. Aber dass auch Marcus Benser Fleischermeister wurde und die Blutwurst seines Großvaters stadtbekannt machen würde, war erst mal nicht abzusehen und mit einigen Umwegen verbunden. Sein Vater hatte sich nämlich eigentlich was anderes ausgedacht. Was Besseres: Der Sohn sollte das geregelte und geruhsame Leben eines Bankkaufmanns haben.

Nur: Marcus Benser merkte ziemlich schnell, dass das nichts für ihn war. Da verdonnerte ihn der Vater, in der Metzgerei auszuhelfen – und das gefiel Marcus Benser schon besser: ein Arbeitstag mit einem Anfang und einem Ende, wo man spüren und sehen kann, was man geleistet hat. Und wo wäre das deutlicher als in einer Fleischerei? Denn: Aus Schwein mach Wurst, erklärt der Meister knapp, der einer der letzten seiner Art ist. Während es in den 60er Jahren noch über 1.000 Fleischerläden in Berlin gab, die selbst Wurst machten, gibt es heute nur noch zehn.

Denn ein Handwerk allein reicht nicht mehr aus: Das Produkt muss etwas Besonderes sein. Und diese Herausforderung beflügelt Marcus Benser genauso sehr wie eine gute Wurst, das merkt man ihm an, wenn er erzählt, wie aus der Neuköllner Metzgerei die Blutwurstmanufaktur wurde. Das Rezept für seine preisgekrönte Blutwurst hat Marcus Benser von seinem Großvater. Die Zutaten verrät der Blutwurstritter ohne Umschweife: Schweineblut und Speck, Kochsalz, Majoran aus Thüringen, Nelken aus Sansibar, brasilianischer Pfeffer. Und der Erfolg? Auch der ist schnell erklärt: Er hat nichts verändert – und auf den Rat seines Großvaters gesetzt. Neben das handgeschriebene Rezept hatte der Großvater nämlich notiert: »Wo diese Wurst erst einmal eingeführt ist, lässt sich schnell großer Umsatz erzielen.«

Lieblingsort Die Birke auf der Rehwiese: »Hier, mitten in der Stadt, umgeben vom hohen Gras, spürt man eine ländliche Weite. Das erinnert einen an Ferienlagerzeiten. Und mitten in der Kuhle steht eine besonders schöne Birke.« | **Adresse** An der Rehwiese, 14129 Berlin-Zehlendorf

79__Mareike Geiling
Zimmervermittlerin

Alles begann damit, dass sie für einige Monate nach Kairo ziehen wollte und einen Untermieter für ihr WG-Zimmer suchte. Als Mareike Geiling und ihr Mitbewohner die Idee hatten, für diese Zeit einen Flüchtling in der WG aufzunehmen, sammelten sie bei Freunden und Verwandten Geld ein und hatten innerhalb von zwei Wochen die Miete zusammen. »Und dann haben wir gedacht: Wenn das bei uns so einfach ging, dann könnte das doch auch in anderen WGs funktionieren.« Die 28-Jährige erzählt diese Geschichte völlig unaufgeregt – so, als wäre eigentlich nichts dabei.

Dass ihr kleines WG-Experiment einen Nerv treffen würde, dass es beweisen würde, dass Flüchtlinge nicht in Sammelunterkünften irgendwo abgeschieden leben müssen, sondern dass ein unverbindliches Zusammenleben vom ersten Tag an möglich ist – das sei ihnen auch erst später klar geworden, erzählt die Kulturwissenschaftlerin. Nämlich um genau zu sein: einen Tag nachdem sie ihre Internetplattform »Flüchtlinge Willkommen« und die dazugehörige Facebook-Seite online gestellt hatten: 1.000 Likes und drei Interviewanfragen! »Das ging ganz schön durch die Decke«, erinnert sich Mareike Geiling. Das war im November 2014.

Fast ein Jahr später verkündet die Internetseite: Über 3.990 registrierte WGs und bereits 120 an Flüchtlinge vermittelte Zimmer. »Wir waren anfangs selbst noch gar nicht drin in dem Thema.« Zum Beispiel hätten sie wahrscheinlich gar kein Geld für die Miete ihres neuen Mitbewohners sammeln müssen, weil das in fast allen Fällen der Senat übernimmt. Inzwischen seien sie so etwas wie ein Knoten geworden, wo alle Fäden zusammenlaufen – nicht nur für Kontakte, auch für Informationen. Es rufen Menschen an, die Zimmer frei haben und bereits mit unzähligen Behördenstellen telefoniert haben, ohne weiterzukommen. Gut, wenn dann jemand da ist, der einem zeigt, wie das geht, wenn man einfach macht.

Lieblingsort Fundgrube U24: »Mit das Beste am Wedding sind die vielen Trödlerläden – das sind wirklich Fundgruben. Bei meinem Lieblings-Trödler gibt es schöne Stücke und: Freundschaftspreise!« | **Adresse** Utrechter Straße 24, 13347 Berlin-Wedding

80___Mario Röllig
Vergangenheitsbewältiger

Hinter ihm steht ein hellgrauer Transporter. Dass darin Gefangene saßen, ahnte man damals nicht. Meistens stand so was wie »Frischer Fisch« oder »Obst und Gemüse« außen drauf. Mario Röllig wirkt ruhig. Aber das, sagt er, liegt nur daran, dass man die Spuren nicht sieht. Niemand kam hier als derselbe Mensch wieder raus. Als 19-Jähriger wurde er nach seinem Fluchtversuch im Untersuchungsgefängnis eingesperrt. Drei Monate in fast vollkommener Isolation. Damals sei etwas in ihm kaputtgegangen. Dass er heute die Besucher der Gedenkstätte Hohenschönhausen durch die Gänge, die Zellen und sogar in den Keller führt, ist Teil seiner Therapie.

Viele Jahre lang konnte Mario Röllig alles verdrängen. Das Leben ging ja weiter: Seine Eltern hatten sich dafür eingesetzt, dass er freigekauft wurde. Er kam nach Westberlin. Und nach der Maueröffnung schien der ganze Spuk ein Ende zu haben. Doch dann, eines Tages, brach alles wieder über ihn rein. Damals verkaufte Mario Röllig Tabakwaren. Ein Mann näherte sich seinem Stand. Er kam Mario Röllig bekannt vor, und als ihn der Mann nach Zigarren fragte, war plötzlich klar: Vor ihm stand der Stasi-Offizier, der ihn verhört hatte. Der Mann, der ihn bis zu acht Jahre ins Gefängnis sperren wollte, weil er zu seinem Freund nach Westdeutschland wollte. Mario Röllig begann am ganzen Körper zu zittern, aber er sprach den Mann darauf an. Was dann geschah? Der andere hörte die Anschuldigungen und sagte nur: »Ja, und? Wofür soll ich mich entschuldigen?« – und ging weg.

Da wurde Mario Röllig bewusst, dass es nicht vorbei war. Die Angst war wieder da. Erst als er nach Hohenschönhausen in die Gedenkstätte zurückkehrte, wurde es besser. Aber ein Happy End ist das noch lange nicht, sagt er. Nicht, solange rund um das Gefängnis nach wie vor die Funktionäre in ihren Einfamilienhäusern leben und nicht zur Rechenschaft gezogen werden.

Lieblingsort Auktionshaus Dannenberg: »Wenn ich mir eine andere Zeit aussuchen könnte, wären es die 20er Jahre. Ich sammle alles aus dieser Zeit: Art déco, Jugendstil – aber auch Schellackplatten! Und auf den Auktionen lässt sich mancher Schatz ergattern!« | **Adresse** Bismarckstraße 9, 12157 Berlin-Steglitz

81__Marlies Herdejürgen

Wirtin

Man muss dafür gemacht sein. Sie stehe schon hinter der Bar, seit sie denken kann. Marlies Herdejürgen ist Wirtin in den Lenau-Stuben. »Man kann sagen, ich bin hier die Ärztin«, sagt sie, »und das heißt auch, ich muss meine Schweigepflicht kennen.« Denn was ihr hier am Tresen anvertraut wird, behält sie für sich. Das muss so sein, sagt Marlies. Man ist hier übrigens per Du, sofort und ohne Ausnahme. »Wenn ich es mir recht überlege, steht ja vielleicht auch deshalb in fast jeder Kneipe eine Frau.« Das sei eben das Fürsorgliche, das können Männer nicht so.

Aber es ist auch nicht nur das Zuhören. Das Skatturnier steht an, der Fußballverein trifft sich wie jede Woche, und eine Geburtstagsfeier am Wochenende muss vorbereitet werden. »Ich darf nicht einschlafen«, Marlies lacht. Zwei echte Rotbuchen stehen im Laden. Im künstlichen Laub sorgt eine Lichterkette für Laubenpieper-Romantik. Die Birne, eine rundliche Ausbuchtung im Tresen in den Raum hinein, direkt vor dem Zapfhahn, ist der feste Platz der Stammgäste. Kommt ein Stammgast rein, klopft er auf die Birne und begrüßt so die Runde.

Was neu ist: Abends gegen 22 Uhr, wenn viele Stammgäste schon wieder aufbrechen, wird es noch einmal richtig voll in den Lenau-Stuben. Es sind viele Spanier und Italiener, junge Leute. Sie wohnen jetzt hier um die Ecke. Sie spielen Billard, mögen die Urigkeit und schwören auf Marlies' selbst gemixten »Mexikaner«. Marlies kennt inzwischen auch von ihnen die meisten. Viele Eckkneipen im Viertel müssen schließen. »Ich höre die Geschichten jeden Tag«, sagt Marlies. Aber die Lenau-Stuben sind offen für alle. Eine Facebook-Gruppe gibt es auch schon. Und das oberste Prinzip ist nach wie vor: Eine Hand wäscht die andere! Ein Stammgast steht auf und dreht, ohne die Miene zu verziehen, die Musik an der Anlage lauter: Born to Be Wild! Die Runde an der Birne nickt zustimmend.

Lieblingsort Die Hasenheide: »Hier habe ich schon als kleines Mädchen immer auf der großen Wiese gespielt – und jetzt geh ich mit meiner Enkeltochter hin. Am liebsten zu den Tieren oder auf den großen Spielplatz.« | **Adresse** Volkspark Hasenheide, 10965 Berlin-Neukölln

82 Martin Sonneborn

Unser Mann in Brüssel

Politik, sagt er, kann er nicht. Das habe er nie gelernt. Dafür müsste er wahrscheinlich erst einmal ein Praktikum machen. Aber da die in Brüssel sehr schlecht bezahlt seien, wie er von einer CDU-Praktikantin wisse, die jeden Morgen mit dem Fahrrad über eine Stunde nach Brüssel radelt, weil sie auf einem Campingplatz außerhalb wohnt, hat der Europaparlamentsabgeordnete und Vorsitzende der PARTEI entschieden, einfach bei dem zu bleiben, was er sich über Jahre hinweg angeeignet hat. Seine Erfindung: moderne Turbo-Politik.

Da er immer abwechselnd mit JA und NEIN abstimmt, muss Martin Sonneborn nicht besonders viel nachdenken im Parlament und kann in Ruhe beobachten, was dort so vor sich geht, erzählt der Titanic-Herausgeber weiter. Zum Beispiel seine allesamt nicht langweiligen parteilosen Sitznachbarn, unter anderem polnische Monarchisten, ungarische Antisemiten, britische Europagegner. Eine Weiterbildung sei Brüssel für ihn allemal. So habe er sich vor Kurzem mit dem Botschafter Nordkoreas getroffen, um zu erfahren, welche Möglichkeiten es gibt, unpopuläre Entscheidungen in unserer Demokratie effektiver durchzusetzen. Die PARTEI plane ja unter anderem eine Vermögensumverteilung in sehr, sehr großem Stil – da sei es wichtig, sich vorher kundig zu machen.

Leider sei das Thema Europa nicht sehr angesagt, seriöse Berichte schaffen es höchstens in die Spätnachrichten. Zum Glück gibt es jetzt einen Mann in Brüssel, der das ändert. Nicht viele wissen zum Beispiel, dass das Europäische Parlament jeden Monat komplett nach Straßburg umzieht und wieder zurück. »So eine Art Klassenfahrt«, sagt Martin Sonneborn. Kostenpunkt im Jahr: 180 Millionen Euro.

»Ich versuche nur, mit meinen begrenzten Möglichkeiten Öffentlichkeit zu schaffen für die Themen, die mich interessieren: die unseriösen Seiten Europas.« Und was er darüber hinaus tue? »Na, zum Beispiel andere Parlamentarier ärgern.«

83 Meryem Ergolu
Neuköllnerzählerin

»Mitten im Hayat« heißt die Tour: Mitten im Leben. Los geht's. Langsam setzt sich die Gruppe von ungefähr 20 Menschen in Bewegung. Es geht vorbei am Neuköllner Rathaus und am Amtsgericht, und dann, bei der dritten Station, passiert etwas: Dicht gedrängt stehen alle vor dem Eingang der Neukölln Arcaden. Meryem Ergolu und ihre Freundin Fatima Ibrahim stehen in der Mitte. Da stellt einer der Berlin-Besucher aus dem Allgäu die erste Frage zum Opferfest, und mit einem Mal erzählen die beiden Neuköllnerinnen – anstatt über die Architektur des Einkaufszentrums zu sprechen – von der Idee der Pilgerfahrt, vom islamischen Opferfest, das eigentlich das Fest der Annäherung ist, und davon, dass sie als Muslime an diesem Tag deshalb Sachen und Geld sammeln für hilfsbedürftige Menschen.

Das ist immer so, erzählt die 22-jährige Meryem und ist ein bisschen stolz. Wir gehen zu Orten und zeigen den Menschen auf unserer Tour, wie das Leben in Neukölln ist – und dann kommen die Fragen wie von selbst. Sie hält abrupt in einem Durchgang an. Hier in diesem Hinterhof, zeigt sie, hat mein Opa damals ein kleines Gartenhäuschen gebaut. Dort saßen wir als Kinder bei ihm und haben Tee getrunken. Der Opa lebt nicht mehr. Aber das Gartenhäuschen steht noch. Die nächste Station ist eine Moschee in einem Hinterhof. Meryem lächelt und beantwortet geduldig die Fragen. Wie alt sie war, als sie zum ersten Mal das Kopftuch getragen hat, ob die Väter hier in Neukölln oft ihre Töchter verheiraten, ob sie fastet. Ihre Antworten sind keine vorformulierten Sätze, es sind ihre eigenen Gedanken und Worte.

Meryem Ergolu macht diese Tour zusammen mit ihrer Freundin für die »Route 44 – Stadtteilführungen«. Seit sechs Jahren zeigen sie nun schon den Menschen ihr Neukölln. Als Dankeschön bekommen die beiden heute eine Tüte schwäbische Wibele geschenkt. Jetzt ist der Kulturaustausch perfekt.

84_Michael Bohmeyer

Geldverschenker

Er zweifelt keine Sekunde daran, dass es die richtige Entscheidung war. Sie hat sein Leben verändert, sagt der 30-Jährige und grinst. Seit er aufgehört hat zu arbeiten und dieser Druck nicht mehr da ist, ständig irgendetwas erfüllen zu müssen, ist Michael Bohmeyer nicht nur viel fröhlicher, sondern auch kreativer. Als Gründer und Geschäftsführer eines Start-up-Unternehmens hatte er kein schlechtes Einkommen. Auch die Aussichten waren gut. »Aber ich bin rechtzeitig abgesprungen.« Ein Bild, das besser nicht passen könnte: den rasenden Zug weiterfahren lassen, innehalten und nachdenken. Über das Arbeiten zum Beispiel.

Aber auch diejenigen ohne finanzielles Polster sollten diese Möglichkeit bekommen, fand Michael Bohmeyer. Also sammelte er Geld für ein Grundeinkommen-Experiment, das es so kein zweites Mal gibt: Vorbei an Staat, Finanzamt und Banken schenkt »mein-grundeinkommen.de« einzelnen Menschen ein Jahr lang 1.000 Euro im Monat. Jeder darf sich bewerben. Immer wenn 12.000 Euro durch die Spenden zusammen sind, wird unter den Anwärtern der Nächste ausgelost. Fünf Jahres-Einkommen konnten allein im ersten halben Jahr finanziert werden. »Das gibt es eigentlich gar nicht, das widerspricht jedem wirtschaftlichen Ansatz: bedingungsloses Geld.«

Und auf der Internetseite berichten die Menschen über diesen Einschnitt in ihrem Leben. Christoph zum Beispiel wird im Callcenter aufhören und seine Ausbildung zum Erzieher anfangen. Aber viele ändern auch nichts, arbeiten weiter. Michael Bohmeyer lacht: Das ist doch auch gut. Vielleicht spenden sie mal was in dem Jahr, oder sie leisten sich etwas.

Sein Vater hat immer gesagt: Wenn du nicht gut bist in der Schule, wirst du mal Straßenfeger! Von unseren Eltern, sagt Michael Bohmeyer, können wir nicht verlangen, dass sie ihre Definition von Arbeit und Erfolg ganz neu denken. Deswegen machen wir das jetzt.

Lieblingsort Das BWK Casino: »Die Kantine ist ein Ausbildungsrestaurant bei mir um die Ecke. Hier kommen mittags alle aus dem Kiez zusammen: Tischler, Akademiker, Arbeitslose oder Hipster. Hier ist der Mensch noch Mensch – und das Essen schmeckt!« | **Adresse** Cuvrystraße 34, 10997 Berlin-Kreuzberg

85 Michael Ng

Traditionalist

Als sein Onkel 1990 nach Berlin kam, gab es in dieser Stadt wie in allen anderen deutschen Städten auch unzählige Chinarestaurants. Mit züngelnden Drachen, chinesischen Schriftzeichen an der Wand und roten Lampions über den Tischen. Zu essen gab es Pekingente und Hähnchen süßsauer. Doch sein Onkel eröffnete damals an der Kantstraße das erste Restaurant mit original kantonesischer Küche. Hier waren die chinesischen Schriftzeichen auf der Speisekarte, und die Betreiber der anderen Chinarestaurants kamen nach Feierabend, um bei »Good Friends« zu essen. Hochbetrieb war in den 90er Jahren vor allem nach ein Uhr nachts, erinnert sich der Neffe.

Und während die chinesischen Restaurants eins nach dem anderen zumachten, vergrößerte Good Friends seinen Laden: Die traditionelle chinesische Hausmannskost kommt an. Seit 21 Jahren arbeitet Michael Ng nun schon im Restaurant seines Onkels, seit zehn Jahren ist er Geschäftsführer. Er kennt die Küche inzwischen so gut wie die beiden Chefköche. Es wird schnell klar: Hier geht es um Hochgeschwindigkeit. Auf dem Herd mit den tellergroßen Gasflammen wird geschmort und gedämpft, eine Ecke weiter frittiert, und neben den zum Trocknen aufgehängten gegrillten Enten ist die Suppenecke. Dazwischen wuseln die sieben Köche hoch konzentriert hin und her.

Das Geheimnis, verrät uns Michael Ng, liegt in den Soßen. Und die Rezepte kennen nur die beiden Chefköche. Sie bereiten die Soßen vor, sodass die Köche sie dann benutzen können, zum Beispiel zum Marinieren der Rippchen oder zum Dünsten des Heilbutts.

In China sagt man: Das Fleisch schmeckt am besten am Knochen – deshalb bestellen Chinesen immer die Stücke mit wenig Fleisch. Satt werden kann man ja schließlich vom Reis, erklärt Michael Ng. Es lohnt sich auf jeden Fall, ihn beim nächsten Mal nach den Spezialitäten des Hauses zu fragen. Man lernt nicht nur Neues über das Essen.

Lieblingsort Der Kletterwald: »Hier hat man beides: Action und Natur – ein guter Ort zum Erholen und meistens auch nicht zu voll.« | **Adresse** Waldhochseilgarten Jungfernheide, Heckerdamm 260, 13627 Berlin-Charlottenburg

86 Nadania Idriss

Feuerentfacherin

Glas? Die Berliner Künstler rollten jedes Mal mit den Augen und brachten als Erklärung naserümpfend nur das eine Wort hervor: Kunsthandwerk. Damit schien das Thema für sie erledigt. Berliner Künstler arbeiten anscheinend nicht mit Glas. Nadania Idriss staunte. Sie hat in Seattle studiert, wo es unzählige Glasereien gibt und die Künstler sehr viel mit diesem Material arbeiten. Vielleicht, sagte sie sich, muss man in Berlin mal eine Glas-Werkstatt etablieren – dann finden die Künstler schon zum Glas und umgekehrt.

Das war vor fünf Jahren. Heute strahlt in der alten Brandyfabrik die Hitze aus den roten Schlünden der Glasschmelzöfen und erwärmt mühelos die große Halle. Es sind inzwischen nicht nur Künstler, die hier das glühende Material formen. Es gibt Workshops für alle, und ganz speziell für Jugendliche. Das hat Nadania Idriss auch aus ihrer Heimatstadt mitgebracht. Kinder aus sozial schwachen Familien lernen dort nämlich Glasmachen, das ist ganz verbreitet – damit sie nicht in Gewalt und Kriminalität abrutschen. Das sei hier zwar nicht so ein großes Problem, aber was die Workshops dort leisten, bringe auch die Jugendlichen hier weiter. Und was sie damit meint, wird schnell klar, wenn man eine Weile dem Arbeiten vor den Ofenöffnungen zusieht: Es geht nicht allein. Man muss immer mindestens zu zweit sein, wenn man das glühende Glas an der langen Stange bearbeiten möchte: Einer dreht und der andere formt. Man muss sich aufeinander verlassen. Zügig und ohne überflüssiges Gequatsche. Und dann, sagt Nadania Idriss, wenn man es dann geschafft hat, diese störrische Materie zu bezwingen, dann stellt sich ein unvergleichbares Hochgefühl ein. Das stärkt jedes Selbstbewusstsein!

Nadania Idriss ist zur Glaspionierin für Berlin geworden – und sie hat gerade erst angefangen, die Halle im Wedding mit Wärme und Möglichkeiten zu füllen.

87 __Nikolai Makarov

Oberrusse von Berlin

Eigentlich sei er nicht besonders russisch, sagt er. Außer vielleicht der Bart. Und seine Liebe zur russischen Literatur natürlich. Und seine Langsamkeit. Ach ja, und das Festefeiern! Aber mit dem eingeschnürten Leben in Russland konnte sich der Künstler damals nicht länger abfinden – und emigrierte 1975 mit 23 Jahren nach Ostberlin. Auf seinen Partys organisiert Nikolai Makarov bis heute seine berühmten Kakerlakenrennen. Auf seine Tiere lässt er nichts kommen. Jedes seiner fast 100 Insekten, die in großen Terrarien im Atelier leben, hat einen Namen – und seine ganz besonderen Eigenschaften. So ist Olga III die unangefochtene Lokalmatadorin und Siegerin in Moskau und Tokyo, während Ural als Old-School-Techniker gilt, der nach dreijähriger Dopingsperre von allen gefürchtet wird. Und Pamir, die Marine-Kakerlake aus Kiel, siegte in Boston und Taschkent.

Und wenn er dann alle Tiere mit liebevollen Worten in ihre Boxen gesetzt hat und, die Startpistole in der Hand, vor der Bahn Position bezieht, dann wird jeder angesteckt vom Fieber. Und das liegt nicht nur am Wodka-Brunnen, der gleich daneben vor sich hin plätschert.

Es liegt an der unmenschlichen Weite und Stille von Russland, erklärt Nikolai Makarov: Daraus entsteht diese Lust, zu feiern, und zwar so, als ob es kein Morgen gäbe.

Aber er hat noch eine Mission: Die Menschen brauchen Stille, erklärt er. Sie verlangen nach ihr. Diese Sehnsucht nach Entschleunigung – auch typisch russisch, wie er versichert – drücken zum einen seine Bilder aus, die wie verschleiert sind und einen zwingen, sich Zeit für sie zu nehmen. Und zum anderen gründete der Maler einen Ort dafür: das Museum der Stille.

»Auf jeden Fall bin ich eine – Pause – vielseitig entwickelte sozialistische Persönlichkeit geworden – so, wie man es uns in der Schule beigebracht hat.« Nur das Lernziel ›sozialistisch‹ konnte Nikolai Makarov nie erreichen.

Lieblingsort Die Paris Bar: »Hier kenne ich eigentlich alle. Die Paris Bar ist mein zweites Zuhause – sie war es im Grunde schon immer.« | **Adresse** Kantstraße 152, 10623 Berlin-Charlottenburg

88 Nora Al-Badri

Befreierin der Königin

Da steht sie auf der Ablage, direkt neben dem Brotkasten, wunderschön und unberührbar wie eh und je, und blickt aus dem Fenster, hinweg über die Moabiter Straßenkreuzung, in eine unergründliche Ferne. Ein bisschen Sand aus der Sahara klebt noch an ihren Ohren. Denn diese Nofretete wurde erst kürzlich ausgegraben. Im November 2015. Es war eine Nachricht, die in Ägypten in Windeseile die Runde machte: Eine zweite Nofretete wurde gefunden!

Für einen Moment herrschte Irritation, erzählt Nora Al-Badri, auch auf dem Kunstmarkt. »Doch natürlich haben wir das bald aufgelöst.« Zusammen mit Jan Nikolai Nelles hat sie diese Ausgrabung inszeniert. Um darauf aufmerksam zu machen, dass das Neue Museum in Berlin ein Monopol innehat über die Nofretete. Was nämlich nicht wenig lukrativ sei: Die Stiftung Preußischer Kulturbesitz verkauft Nofretete-Kopien für knapp 9.000 Euro – und jede von ihnen hat kleine Fehler, damit die Daten der Original-Büste nicht verbreitet werden können. »Noch dazu wird die Geschichte der Nofretete und all der anderen Artefakte samt kolonialer Patina in den Berliner Museen nicht kritisch reflektiert.«

Und aus der Empörung entstand ein Plan: Sie und Nelles versteckten 3-D-Scanner unter den Jacken und gingen ins Museum. Hinterher kam aus dem 3-D-Drucker: »The Other Nofretete« – das erste originalgetreue Abbild der ägyptischen Königin. Und der nächste Schritt steht noch an: Das Künstler-Kollektiv möchte die Daten veröffentlichen. »Kultur kann keine Ware sein, und jeder sollte Zugang zu ihr haben, auch die Ägypter selbst«, sagt Nora Al-Badri. Denn in Ägypten wie auch im Irak oder Syrien seien illegale Ausgrabungen ein Riesengeschäft. Und wo landet die Kunst?

Kaum einer traut sich ran an diese Themen, die offensichtlich einiger Aufarbeitung bedürfen. »Und genau das ist ja die Aufgabe von Kunst!« Die ersten Fragen sind gestellt. Wer macht weiter?

89 Norbert Zahmel
Robbenflüsterer

Es ist wie immer rappelvoll, alle Köpfe recken sich zum Becken. Da stürmt Sandra ziemlich ungestüm auf patschenden Flossen zum Wasser und taucht mit einem schnaubenden Platscher ins Becken. Die Seelöwin schwimmt eine Runde, wie um sich zu vergewissern, dass auch genügend Publikum da ist. In der Zwischenzeit klettert Norbert Zahmel auf den Felsen im Wasser. Die Show kann beginnen. Zuerst die Begrüßung. Lässig hebt Sandra eine Flosse und winkt in die Runde, dann Frisbee-Spielen, Salto rückwärts – das Publikum ist begeistert, und Norbert Zahmel wirft Sandra Heringe zu. Und dann am Ende sitzen die beiden eng aneinandergeschmiegt nebeneinander, so als ob es kein Publikum gäbe. Und keine Heringe.

Ja, erklärt der Robbentrainer hinterher, aber auch das Schmusen ist harte Arbeit. Sandra reagiert auf minimale Bewegungen. Das bekommt kein Zuschauer mit. Wenn Norbert Zahmel im Wasser seine Fußspitze nach vorne dreht, heißt das für Sandra: Vorwärtssalto.

Das Training tut den Tieren gut, erklärt der Tierpfleger im Neoprenanzug. Hier im Zoo fehlt ihnen ja die Beschäftigung: keine Feinde, kein Jagen, keine Rivalen. Aber Norbert Zahmel kann nicht verbergen, dass es ihm auch ziemlich großen Spaß macht. Auch wenn es äußerste Konzentration verlangt: Für das Publikum kommentiert er ihre Späße, ist aber gleichzeitig mit seinen Zeichen ganz und gar bei Sandra. 60 Kunststücke haben sie schon eingeübt. »Sie ist aber auch wahnsinnig fleißig«, sagt Norbert Zahmel und lacht, »was übersetzt heißt: ziemlich gierig.«

Dass ihre kleinen Übungen einmal so ein Erfolg werden würden, hätte er nie gedacht. Aber jeden Tag füllt sich der Beckenrand mit Menschen, die über dieses Zusammenspiel zwischen Mensch und Tier staunen, das so viel Vertrauen ausdrückt – und so unglaublich ansteckend ist. Mal ehrlich: Am liebsten will man doch sofort ins Wasser springen und mit Frisbee spielen!

Lieblingsort Der Botanische Garten: »Die beste Zeit für einen Ausflug zum Botanischen Garten ist, wenn die Orchideen blühen, also im Winter.« | **Adresse** Königin-Luise-Straße 6–8, 14195 Berlin

90__Onkel Philipp
Puppendoktor

»Der Patient ist aus der Narkose erwacht. Es geht ihm den Umständen entsprechend gut.« Wenn Onkel Philipp, der eigentlich Philipp Schünemann heißt, sich aber selten mit Nachnamen vorstellt, diese Sätze am Telefon sagt, dann heißt das so viel wie: Es ist alles gut gelaufen. Puppe, Teddy oder Auto konnten repariert werden und können jetzt abgeholt werden.

Als Onkel Philipp vor 18 Jahren in der Choriner Straße die Ladenwohnung bezog, begann er damit, die großen und kleinen und die winzig kleinen Spielsachen aus der DDR zu sammeln und im Schaufenster auszustellen. Und so wurde der Laden mehr und mehr zu einem Spiel-Ort. Und das ist er heute noch. Die Kinder, die vorbeikommen, probieren einen Roller aus, der vor dem Laden parkt, drücken ein paar fiepende und krächzende Sound-Knöpfe an einem Raumschiff und bleiben kurz vor dem Schaufenster stehen, um den Rummel mit seinem sich drehenden Riesenrad und dem leuchtenden Karussell zu betrachten. Dann gehen sie weiter.

Onkel Philipp sammelt und kauft Spielzeug – die Dinge, die noch gut in Schuss sind, verkauft er weiter, andere werden als Ersatzteile aufbewahrt, und wieder andere kommen in die Verschenke-Kiste. Das spielerische Basteln hat dem Ingenieur schon immer mehr Spaß gemacht, als für große Firmen zu arbeiten. Sein erstes eigenes Werk war ein Barbie-Ferrari mit beweglichen Figuren und einem Propeller-Motor. Und darauf ist er noch heute ziemlich stolz.

Der Spielzeugladen soll ein Ort sein, der sich Möglichkeiten offenhält. Eigentlich, sagt er, mache er nichts weiter als das, was ein Großvater und eine Großmutter tun. Das stimmt: Einige Eltern aus der Nachbarschaft lassen ihre Kinder auch schon mal kurz bei Onkel Philipp, wenn sie noch schnell etwas einkaufen müssen.

Und im Keller des Ladens liegt der eigentliche Schatz verborgen: Berlins einziges DDR-Spielzeugmuseum. Ein echter Geheimtipp!

Lieblingsort Der Seddinsee: »Einfach mit dem Boot rausfahren, Modellflugzeug mitnehmen – es gibt nichts Schöneres, als nach einer Nacht auf dem Wasser morgens auf dem Boot einen Kaffee zu kochen.« | **Adresse** 12527 Berlin-Köpenick

91 Peter Raue
Anwalt der Künste

Es ist ein wolkenverhangener grauer Wintertag. Peter Raues Blick schweift nur kurz durch das Fenster über die nass glänzenden Dächer der Stadt. Er nimmt den silbernen Brieföffner, bricht das Kuvert eines Briefes auf und zieht eine Karte mit geschwungener Schrift aus dem wattierten Umschlag. Während Peter Raue weitere Einladungen, Grüße und Bekanntmachungen mit beschwingtem Nicken oder anerkennendem Lächeln quittiert, sagt er, und man glaubt es ihm sofort: »Es gibt nichts Schöneres, als Briefe zu öffnen.« Denn dieses morgendliche Ritual beweist jeden Tag aufs Neue, dass in dieser Stadt unermüdlich Neues entsteht. »Und das zu sehen macht einfach Freude.«

Sich für andere einzusetzen, das liegt dem Rechtsanwalt mit der Fliege, die schon längst zu seinem Markenzeichen geworden ist. Es mache ihm Spaß, die Dinge in die Hand zu nehmen. Das war schon immer so. Als Rechtsanwalt berät er Künstler, als Vereinsvorsitzender der Freunde der Neuen Nationalgalerie holte Peter Raue das MOMA nach Berlin. Seitdem wird er auch der Kunstmäzen von Berlin genannt. Dieser Titel gefällt ihm allerdings nicht besonders. Er mache diese Dinge ja nicht, um Gutes zu tun – sondern weil es ihm gefällt. Und dennoch: Berlin braucht Peter Raue. Er erklärt es einem selbst: Berlin lebt vom Geist. Ein anderes Kapital hat die Stadt nie gehabt. Fast alles, was heute in Europa an Kreativem entsteht, entsteht in Berlin. »Und das zu fördern und zu unterstützen ist mein Lebensinhalt geworden«, gibt Peter Raue zu. Und das ist weit mehr als eine Nebenbeschäftigung in einer Stadt wie Berlin: Jede Woche gibt es Premieren, Konzerte, Kunst-Veranstaltungen.

Berlins größte Aufgabe sei es nun, diesen Zustand des Neuen zu erhalten. Dafür braucht es Phantasie. Aber Peter Raue ist sich sicher, dass Berlin gar nicht anders kann, als weiterzumachen. Da sind sie sich sehr ähnlich, die Stadt und der Anwalt.

Lieblingsort Die Philharmonie: »Berlin hat den schönsten Konzertsaal der Welt. Für mich steht er für die ungebremste Kreativität dieser Stadt.« | **Adresse** Herbert-von-Karajan-Straße 1, 10785 Berlin-Tiergarten

92 Platten Pedro
King of Vinyl

Sie finden alle den Weg hierher in den kleinen Laden, hinten am Schlosspark – denn hier stehen sie Hülle an Hülle, bis unter die Decke. Und es sind nicht nur die Sammler, die zu Platten Pedro kommen. Er lasse die Leute eben in Ruhe, sagt er. Aber wer eine Frage hat, egal, ob zu Klassik, Pop, Soul, Funk oder Jazz – der kann sich sicher sein, dass Platten Pedro, der eigentlich Peter Patzek heißt, die Antwort kennt. Und wer ein bisschen Zeit mitbringt, dem zeigt der Sammler seine neuesten Entdeckungen. Er zieht eine Scheibe aus dem gelben Regal hinter dem Schreibtisch und legt sie auf den Plattenspieler – der Mittelpunkt des Raumes. »Das ist auch eine meiner 30.000 Lieblingsplatten«, sagt er kurz und grinst: der Breschnew Rap von 1983. Genial. Seine größten Schätze, erzählt er, hätte er immer dann entdeckt, wenn er vergessen hat, nach einem Song den Tonarm abzunehmen. Manche Platte, die sonst vielleicht auf dem direkten Weg wieder aus dem Laden rausbefördert worden wäre, hat so den Weg in sein eigenes gelbes Regal hinter dem Schreibtisch geschafft.

Leider, bekennt Platten Pedro, fehle es ihm an Ehrgeiz. Schon 1969 war es nicht seine eigene Idee gewesen, einen Plattenladen zu eröffnen, sondern die seiner Frau. Aber, und er ist vielleicht der einzige Mensch in ganz Berlin, dem man diesen Satz glauben kann: Geld bedeute ihm nichts. Er habe keins. Aber dafür hat er fünf Kinder großgezogen und sich ganz und gar seiner Leidenschaft gewidmet: der Musik. Die beste Tonqualität gibt die Maxi-Single her. Das liegt an den Schwingungen. Ein CD kann da nicht mithalten. Die haben sich ja schon überlebt. Dass sein Laden zur Anlaufstelle für Vinyl-Sammler aus der ganzen Welt geworden ist, sei eben so passiert.

Sein Sohn sagt immer, er könnte schon viel weiter sein mit seiner Sammlung. Aber dann zuckt Platten Pedro mit den Schultern und sagt: »Und wo soll dit sein?«

Lieblingsort Die Wiese am Wasserturm: »Hier hat früher immer die ganze Familie gekickt, also alle fünf Kinder – niemand durfte kneifen. Die Wiese ist der schönste Ort im ganzen Park.« | **Adresse** Volkspark Jungfernheide, Heckerdamm, 13627 Berlin-Charlottenburg

93_ Rafael Horzon

Multitalent

Er hat vor ein paar Jahren schon einmal Bilder verkauft. Schwarze und weiße. Das lief aber nicht besonders gut. Die Wahrheit ist: Er hat damals nicht ein einziges Bild verkauft. Die Bilder, die jetzt in dem Laden in der Torstraße hängen, sind voll leuchtender Farben. Auch von diesen Bildern hat er noch keins verkauft. Doch Rafael Horzon scheint nicht besonders bekümmert darüber zu sein. Über dem Laden steht in großen Buchstaben »HORZONS WAND-DEKORATIONSOBJEKTE«. Rafael Horzon ist niemand, der sich von einer gescheiterten Idee aufhalten lässt. Denn da ist ja schon gleich die nächste. Man muss sich anstrengen, um mithalten zu können, jede Frage und jede Antwort fordern einen tausendprozentig heraus, jeder Satz ist ein Spiel, ein Flirt um Ideen und Möglichkeiten.

Angefangen hat vielleicht alles mit der Galerie Berlintokyo, die Rafael Horzon in der Nachwendezeit eröffnete. Er nagelte leere Chipstüten an die Wand, stellte Haushaltsutensilien aus der eigenen Wohnung hinein, betitelte alles als zeitgenössische japanische Kunst – und wurde daraufhin sogar auf die Documenta eingeladen. Seitdem wird immer wieder über ihn gesagt, dass er Kunst mache. Dabei liegt ihm das vollkommen fern, sagt er. Er suche vielmehr nach erfolgreichen Geschäftsmodellen: Bücher, Regale, eine Wissenschaftsakademie, Spülbecken, Fassadenelemente, Apfelkuchen, Lüftungstechnik und eine Partnertrennungsagentur sind nur einige Beispiele seiner mittelständischen Unternehmen.

Auf seinem Schreibtisch liegt ein Buch. »Die Gesetze von Reichtum und Erfolg« lautet der Titel. Neben dem Buch steht ein Architekturmodell. Ein Hochhaus aus Pappe. Das sei das neue Hochhaus, das am Alexanderplatz gebaut werden soll, verkündet Rafael Horzon, und zwar genau dort, wo dann einmal das neue Schloss gestanden haben wird. Etwa so hoch wie der Fernsehturm? Ein müdes Lächeln: »Dreimal so hoch.«

94_Rainer Brendel
Der 6en-Mann

Jeder kennt sie. Sie sind vielleicht die größte Konstante der vergangenen 20 Jahre in dieser Stadt. Groß und klein, weiß und farbig leuchten die 6en von Plakatwänden, Holzlatten und Stromkästen. Und die meisten haben wohl auch schon einmal Rainer Brendel gesehen, wie er auf seinem Fahrrad den großen Pinsel in den Eimer am Lenker tunkt und dann im Vorbeifahren mit einem einzigen großen ausladenden Schwung eine 6 hinterlässt, meistens gleich mehrere hintereinander. Seit 1996 macht er das nun schon. Die erste Frage, die man sich unweigerlich stellt, wie viele 6en das inzwischen wohl sein mögen, wird von ihm sofort beantwortet: 700.000, ungefähr.

Und dann ist da noch die Frage nach der Bedeutung. Aber im Grunde ist es vielleicht genau das, warum die unzähligen 6en unsere Blicke einfangen: Wir verstehen ihre Botschaft nicht, ihr tieferer Sinn erschließt sich nicht. Ja gut, gibt Rainer Brendel zu, der die Frage berechtigt findet, am Anfang ging es schon auch darum, Aufmerksamkeit zu erreichen, und das Sexuelle des Symbols sollte dabei helfen. Aber es habe sich auch weiterentwickelt. Manchmal sieht man es den 6en an, es gibt welche, die eine 6 und eine 7 vereinen. »Es ist die Aufforderung, nach höherwertigen Lösungen zu suchen«, sagt er und erklärt den 6-Zeilen-Code, der Programmierungen vereinfacht. Sein Künstlername zum Beispiel spiegele das auch wieder, alles laufe eben über die 6:! @SeX#——███——█

Aber welche Botschaft auch immer sich dahinter verbirgt, die 6 ist inzwischen längst zu einem eigenen Symbol geworden: Sie ist die Pinsel-Zahl von Berlin, wird auf Postkarten und Fotos in die Welt getragen, ist als die Berliner 6 bekannt. Und: Sie ist uns vertraut geworden! Sehen wir 6en, fühlen wir uns zu Hause. Rainer Brendel wiegt den Kopf: »Es gibt eigentlich keinen Grund, aufzuhören«, sagt er und tunkt den Pinsel in ein sattes Pink.

Lieblingsort Das Köpi: »Hier vor dem besetzten Haus richte ich meine Zeichen und 6en, wenn sie beschädigt wurden – und unter den Sachen vor dem Gelände finde ich immer wieder Material zum Bepinseln.« | **Adresse** Köpenicker Straße 137, 10179 Berlin-Mitte

95_Ralf Steeg

Freischwimmer

Die meisten haben wohl auch so einen Traum, eine Vision, wie das Leben hübscher aussehen könnte. Aber weil diese Vorstellung oft nicht so recht ins tägliche Leben passt, schiebt man die Träume meist schnell wieder beiseite. Nicht so Ralf Steeg. Sein Traum ist es, in der Spree zu schwimmen, mitten in Berlin. Das ist gar nicht unbedingt so visionär: Vor 100 Jahren gab es allein in der Innenstadt von Berlin 30 Badestellen. Sogar das Brustschwimmen wurde in der Spree erfunden! – Ralf Steeg lässt diesen Satz wirken. Denn hier geht es um mehr als um seinen persönlichen Bade-Traum: Berlin könnte zum Vorbild werden mit einer Innenstadt, durch die ein gesunder Fluss fließt, mit Schilf an den Ufern und Badestellen mitten im Zentrum. Berlin könnte beweisen, dass Stadt und Natur nicht gesetzmäßig Feinde bleiben müssen.

Als Ingenieur konnte es Ralf Steeg nicht lassen, seinen Traum auch technisch auf eine mögliche Realisierbarkeit zu untersuchen. Und er fand heraus: Die Säuberung des verdreckten Spreewassers, in das nach wie vor das Abwasser der Stadt läuft, ist möglich. Das ließ ihm keine Ruhe, und er entwickelte ein besonderes Hightechsystem. An den Stellen, wo das Abwasser bei starkem Regen in den Fluss überläuft, sollen Tankkonstruktionen das dreckige Abwasser auffangen – und dann zurück in die Kanalisation leiten, sobald der Pegel wieder gesunken ist. Die Auffangtanks würden dann zu Inseln, auf denen alles Mögliche entstehen könnte, Cafés oder Gärten. Und die erste Insel gibt es schon: Sie schwimmt im Osthafen.

Und dann, wenn die Spree erst einmal sauber ist, da ist sich Ralf Steeg sicher, werden Dinge geschehen, die man vorher gar nicht planen kann, denn dann gibt es einen Raum in Berlin, der ganz neu gedacht und gestaltet werden kann. Zum Abschied versichert Ralf Steeg mit festem Händedruck: »Bald schwimmen wir.« Er meint es ernst mit seinem Traum.

96__Raúl Krauthausen

Ganz normaler Glasknochenbesitzer

Trotz seiner Behinderung meistert Raúl Krauthausen sein Schicksal tapfer. Das war zum Beispiel so ein Satz, der in der Zeitung über ihn stand. Dabei hat er das nie so empfunden, dass er besonders tapfer sein musste. Aber irgendwann war der Punkt erreicht, an dem Raúl Krauthausen fand, dass jetzt Schluss damit sein müsse, dass immer nur die nicht behinderten Menschen über das Leben mit einer Behinderung sprechen. Und vor allem: Dieser Mitleidston muss weg!

Jahrelang hatte er sich dagegen gewehrt, die Behinderung zum Inhalt seiner Arbeit zu machen. Mit seinem Verein »Sozialhelden« hat er verschiedene soziale Projekte ins Leben gerufen, außerdem programmierte er Internetseiten und arbeitete für Werbeagenturen. Aber irgendwann war ihm klar geworden, dass er einfach großes Glück gehabt hat. Seine Eltern hatten ihn damals in einem der allerersten Integrationskindergärten angemeldet. Später ging er auf eine Integrationsschule. Und das bedeutete: Er musste sich nicht immer wieder über seine Behinderung hinwegsetzen, sein Anderssein nicht andauernd erklären. Das war es nicht, was ihn ausmachte.

Heute weiß Raúl Krauthausen, dass die meisten Menschen mit Behinderung nicht so viel Glück haben. Und er setzt sich dafür ein, dass sie Zugang bekommen zur Welt der Nichtbehinderten – und umgekehrt: Seine »Wheelmap« zeigt Orte im Stadtplan an, die barrierefrei sind, und in seinem Blog hat er sich vorgenommen, jeden Tag zwei Minuten lang den Menschen ohne Behinderung aus dem Leben mit Behinderung zu erzählen. Und das nicht ohne Humor.

»Sent from my wheelchair«, steht unter den E-Mails von Raúl Krauthausen. Und es hat funktioniert. Dieser eine kurze Satz hat es geschafft: Die Scheu vor der Begegnung, die Angst davor, etwas Falsches sagen zu können, ist mit einem Mal verpufft – und stattdessen freut man sich auf ein Gespräch voller neuer Perspektiven.

97 __ Renate Lorenz
Doktor Dolittle und ihre Tiere

An der Wand hängen unzählige Fotos: Hunde, Katzen, Eichhörnchen, eine Ziege, ein Mäusebussard. »Das ist Bussi – der ist gerade erst wieder gegangen.«

Jemand krächzt laut und ärgerlich aus der Ecke des Zimmers. »Ach, Hans«, sagt Renate Lorenz und hebt einen Eichelhäher hoch. »Kommst du wieder nicht auf das Regal?« Doch ihre letzten Worte gehen unter, im Nebenzimmer kräht ein Hahn. Wie viele Tiere gerade im Haus sind? Die Tierärztin beginnt aufzuzählen: Also Hans, der Hahn und zwei Hühner, ein Papagei, drei Igel, eine Taube, zwei Katzen, ein Hund, Mäuse, die vielen Vögel in der Voliere, eine Krähe … Aber ganz genau weiß sie es eigentlich nie.

Die Tiere, die Renate Lorenz in ihrer Praxis aufpäppelt oder heilt, kommen aber nicht nur aus der Umgebung, sondern auch aus dem Um- und Ausland. Man braucht ein offenes Herz, aber auch: ein offenes Haus – sonst geht es nicht, erklärt sie. Und natürlich könne man auch Tiere und Menschen nicht trennen. Es kommt oft vor, dass Renate Lorenz den Tierbesitzern erst einmal erklären muss, was ihr Tier braucht – oder warum es so ›störrisch‹ ist. »Ich muss ein Tier nur angucken und sehe, was es will.« Diese Verbindung spürte Renate Lorenz schon früh. Und so ist sie am liebsten umgeben von Tieren. Und wenn ein neues dazukommt, zum Beispiel die junge Taube, die gestern jemand vom Kottbusser Tor hergebracht hat, dann geht Renate Lorenz mit dem Neuankömmling zu jedem Tier im Haus und stellt ihn vor. »Es ist noch nie vorgekommen, dass zwischen meinen Tieren etwas vorgefallen ist.«

Aber wenn sie loswollen, dann muss man sie auch wieder ziehen lassen können. Das ist vielleicht das Schwerste daran. Aber dafür hat Renate Lorenz ja die Fotowand – und einige ihrer Zöglinge finden auch den Weg zurück und statten ihrer Ziehmutter hin und wieder einen Besuch ab.

Lieblingsort Die Rehwiesen: »Hier bin ich schon als Studentin immer mit meinem Hund spazieren gegangen und habe mir, in der hügeligen Wiese liegend, vorgestellt, ich wäre in Bayern auf dem Land. Das ist mein Ort.« | **Adresse** Gerkrathstraße 2, 14129 Berlin-Nikolassee

98__Rico Diessner

Loopmeister

Als Kind hat er sich immer gefragt: Wie macht Gott eigentlich die Schmetterlinge? Und dann, als er zum ersten Mal das Loopen ausprobierte, Töne ins Mikrofon sang, sie aufnahm und abspielte, dann die nächsten hinzukamen, sich eine neue Schicht auf die erste legte und alles wie durch Zauberei irgendwie zusammenfand, sich ergänzte und als Ganzes in die Lüfte abhob – da hatte er mit einem Mal das Gefühl, ganz nah dran zu sein, zu verstehen, wie Gott das macht. Er hält inne: So ähnlich könnte man das vielleicht erklären, sagt er, meine Hingabe für die Musik.

Und diese Begeisterung, die Rico Diessner für seine Musik empfindet, die wird spürbar, wenn man ihm zuhört. Das kann man beobachten, bei den anderen und bei sich selbst auch. Eine Zeit lang spielte er regelmäßig jeden Sonntag auf dem Boxhagener Platz auf dem Flohmarkt. Loops auf Loops auf Loops, die Leute blieben stehen – und ließen sich von der Freude anstecken. Es sprach sich herum, viele Menschen kamen nur, um ihn zu hören. Er wurde Rico Loop, und dann passierte das Unglaubliche: Er wurde direkt vom Flohmarkt weg gebucht, um weltweit auf Festivals, Konzerten und in Clubs aufzutreten.

Aber die höchste Kunst, sagt er, bleibt trotz allem die Straßenmusik. »Da hat man die Möglichkeit, die Filmmusik fürs Leben zu machen!« Man spricht die Leute direkt an – und es kommt genauso direkt etwas zurück. Deshalb geht Rico Loop immer noch gern in die Parks und auf die Plätze – und es ist für ihn immer wieder eine Befreiung, das einfach machen zu können. Und eine Überraschung, denn jedes Konzert ist ja wie ein weißes Blatt Papier, er weiß vorher selbst nicht, welcher Rhythmus am Ende entsteht oder welche Grooves und Gesänge zusammenkommen.

Und man versteht mit einem Mal, dass Musik nichts anderes ist als eine Aufforderung, mitzumachen. Denn, wie Rico Loop noch irgendwann sagt: Alles ist ja Musik!

Lieblingsort Der Platz vor dem Bethanien: »Der runde Platz ist eigentlich wie ein Amphitheater, ganz umgeben von viel Grün, ein Ort, wo unterschiedliche Leute zusammenkommen – einfach perfekt für Straßenmusik.« | **Adresse** Kunstquartier Bethanien, Mariannenplatz 2, 10997 Berlin-Kreuzberg

99__Robin Schellenberg
Parkdeckkultivierer

Es gibt da diesen Moment, in dem es klick macht – und dann ist man verliebt, in einen Ort, in eine Vision. Und sieht alles ganz genau vor sich. Genau so war es, erzählt Robin Schellenberg, als er 2012 auf dem Parkdeck der Neukölln Arcaden stand und über die Dächer von Berlin blickte. Kurz darauf begann er zusammen mit Freunden, die asphaltierte Fläche grün zu machen. An der Brüstung schlängelte sich schon bald ein gezimmerter Blumenkasten einmal rundherum, es entstanden Hütten und hölzerne Terrassen. Und so wächst der »Klunkerkranich« immer noch weiter. Jeden Abend kurz vor Sonnenuntergang bildet sich ein Deck weiter unten eine lange Menschenschlange, die geduldig darauf wartet, einzutreten in die Kathedrale des Himmels.

In einem kleinen Gewächshaus dreht sich eine Discokugel und fängt die letzten Strahlen der Abendsonne ein. Robin Schellenberg ist stolz. Darauf, dass er und seine beiden Freunde Dorle Martinek und Julian Reetz durchgehalten haben. Dass sie ihre Vision verteidigt haben gegen die Ämter und ihre Vorschriften und gegen alle, die den Ort für ihre Zwecke ausnutzen wollten – und dass sie dabei auch noch irgendwie erwachsen geworden sind. Denn einen Ort zu erschaffen, an dem Natur und Club, Theater und Bar, Restaurant und Pflanzenmarkt unter einen Hut passen und dann auch noch gut laufen – das ist harte Arbeit.

Es ist ein bisschen so, erklärt er: Die Ideen entstehen im Dunkeln, sie keimen, wachsen und nehmen Form an – aber dann, wenn sie ans Licht kommen, müssen sie unter den Anforderungen der Sonne bestehen. Dann muss man verhandeln, ohne sich untreu zu werden. Das trauen sich die meisten nicht zu. Oder sie machen es sich einfach: Glaskasten, White-Cube-Sessel, fertig. Aber dann, sagt Robin Schellenberg, würde dem Ort etwas fehlen, nämlich eine Seele. Die Leute sind glücklich hier, weil der Ort lebendig ist. Und das ist es schließlich, was zählt.

Lieblingsort Der Tonsee: »Am liebsten bin ich im Bett in meinem Bus an einem
Berliner See, mit Blick aufs Wasser. Eine Perle unter den 2.000 brandenburgischen
Seen ist der Tonsee!« | **Adresse** 15746 Groß Köris

100   Schwester Margareta
Mutmacherin

Als sie sich 2005 für Marzahn entschieden hatten, kamen die Nachbarn und erklärten freundlich, aber bestimmt, dass sie hier falsch seien: »Es gibt hier keine Kirche.« Schwester Margareta macht eine Pause, dann sagt sie: »Da wusste ich, dass es die richtige Entscheidung war!« Das Don-Bosco-Haus öffnete seine Türen. Und das ist bis heute wahrscheinlich die wichtigste Eigenschaft dieses Hauses. Jugendliche, die nicht mehr weiterwissen, dürfen kommen und bleiben. Jeder ist willkommen, und alles ist freiwillig.

Mit Jugendlichen kann sie gut, da trifft ›die Schwester‹, wie sie hier genannt wird, den richtigen Ton. Wenn sie redet, rutscht ihr manchmal am Ende des Satzes ein kleines schwungvolles »wa!« raus, das ungemein ansteckend ist.

Kaputte Familien, Schulabbruch und Ämter, die nicht helfen. Hier im Don-Bosco-Zentrum kann das nicht alles wettgemacht werden – aber es kann was Gutes draufgesetzt werden, erklärt die Schwester. Das geht natürlich nur in Mini-Schritten! Es gibt im Haus zum Beispiel kein Regelwerk an der Wand, es gehe erst einmal darum, wieder zu lernen, sich, seinen eigenen Fähigkeiten und den anderen Menschen zu vertrauen. Dafür gibt es die Werkstätten und individuellen Förderunterricht. Und die gemeinsamen Mahlzeiten. »Das Wichtigste aber ist, dass wir zeigen: Wir freuen uns über jeden, der da ist, und machen unsere Arbeit gern.« Sonst kommt kein Jugendlicher wieder. Manchmal dauert es auch, einige gehen erst wieder, bevor sie sich entschließen zu bleiben. »Aber dann muss das auch der Weg sein dürfen.«

Ganz am Rand der Stadt, dort, wo die Plattenbauten schon bald den Industriehallen weichen, gibt es ein paar Menschen, die den Jugendlichen, die keiner mehr will, begreiflich machen: Du hast das Recht auf einen neuen Anfang! Es sind Menschen wie Schwester Margareta, die hier in Marzahn alltägliche Wunder möglich machen. Immer aufs Neue.

Lieblingsort Der Parkfriedhof: »Der ist gleich hinter dem Haus, es ist so ein schöner, würdevoller Ort – hier finde ich die Stille, die ich bei diesem vollen Haus oft mal brauche.« | **Adresse** Parkfriedhof Marzahn, Wiesenburger Weg 10, 12681 Berlin-Marzahn

101__ Sebastian Matthias Weißbach

Südostsprinter

Die BVG hat, so wie Götter eben mal gütig und dann auch wieder jähzornig sind, einige Pendelzeiten so eingerichtet, dass der direkte Anschluss an manchen Stationen nur dann zu schaffen ist, wenn man rennt. Und zwar richtig rennt. Um Massenpanik zu verhindern, hat die BVG allerdings die Anzeigetafeln an ebendiesen Stationen so umgestellt, dass, wenn es knapp wird, immer erst die Ankunftszeit der übernächsten Bahn angezeigt wird. Nur einige wenige, unter ihnen auch Sebastian Matthias Weißbach, haben den Plan der Götter durchschaut. Wenn er bei der Ankunft mit der U6 am Halleschen Tor auf dem Bahnsteig sieht, dass die nächste U-Bahn der U2 mit zehn Minuten angezeigt wird, dann ist klar: Die nächste kommt bereits in zwei Minuten, die darauffolgende dann wieder acht Minuten später. Zehn Minuten heißt also: Beine in die Hand nehmen.

Allein ist Sebastian Matthias Weißbach, Schauspieler und Filmemacher aus Berlin, als Südostsprinter eigentlich nie. Sobald die Bahn sich der Station nähert, werden einige Fahrgäste im ersten Wagen sichtlich nervös, nähern sich der Tür, pressen sich an die Glasscheibe, um schon einen frühen Blick auf die Anzeigetafel zu erhaschen. Dann geht es los, die erste Treppe nach oben, am Berliner Backbaron vorüber, auf die eigentliche Sprintstrecke zu: den Tunnel. Und hier kommt es dann oft dazu, dass sich auch andere von der Dynamik des Südostsprints mitreißen lassen – und auch zu rennen beginnen. Vor allem abends, wenn die Aussicht auf eine zehnminütige Wartezeit viele zum Äußersten treiben kann.

Es gibt eigentlich kein besseres und berauschenderes Gefühl, als nach einem gelungenen Südostsprint gerade noch durch die Tür der Anschlussbahn zu hechten und im gleichen Augenblick auch schon weiterzufahren – ohne auch nur eine Minute gewartet zu haben!

Lieblingsort St. Peter und Paul: »Wenn man nach einer halben Stunde Fußmarsch durch den Grunewald die Kirche auf Nikolskoe erblickt, dann erlebt man einen für Berlin sehr seltenen Pilgerfahrtsmoment.« | **Adresse** Nikolskoer Weg 17, 14109 Berlin-Wannsee

102 Sevgi Bayram
Wegbereiterin

Es waren einmal neun Frauen. Man kann die Geschichte von Sevgi Bayram und den anderen Frauen getrost wie ein Märchen beginnen. Denn sie hat ein gutes Ende. Die neun Frauen kamen aus verschiedenen Ländern und lernten sich 2007 in einem Integrationskurs kennen. Sie waren arbeitslos, einige konnten die deutsche Sprache nur schlecht, viele von ihnen hatten Familien. Aber, erinnert sich Sevgi Bayram, sie hatten eine Sache gemeinsam: Sie wollten etwas tun. Sie waren von einer Kraft getrieben, die vollkommen neu für sie war. Also beschlossen die Frauen, das zu machen, was sie am besten konnten: kochen.

Wenn sie von ihrem Plan erzählten, fragten die Leute, was denn das Besondere daran sein soll. Aber die Frauen ließen sich nicht beirren – und wer heute in die »Weltküche« kommt, der versteht sofort, warum sie besonders ist: Es gibt jeden Tag ein Menü, libanesisch, indisch, syrisch, türkisch, ecuadorianisch oder kroatisch. Aber, betont die Gastronomie-Leiterin Sevgi Bayram: Das gute Essen ist nur das eine. Vor allem geht es darum, Arbeitsplätze für Migrantinnen zu schaffen. Und das, was hier alles zusammenhält, erklärt die Kreuzbergerin und strahlt, ist eben der Gruppengeist der Frauen. Ohne den wäre es am Anfang nicht gegangen – und der ist auch heute noch ausschlaggebend.

Sevgi Bayram hat in den letzten fünf Jahren ihre Ausbildung zur Gastronomie-Fachkraft absolviert, Speisepläne aufgestellt, in der Küche gekocht, im Restaurant serviert und sich allein um ihre zwei Kinder gekümmert. »Es hat mein Leben umgekrempelt«, sagt sie und lächelt zufrieden. Heute stellt sie die neuen Mitarbeiterinnen ein. Aber nicht nur das: Vor Kurzem kamen die ersten Anfragen aus anderen europäischen Städten, ja sogar aus China und Indien. Sie wollten wissen, wie das Modell »Weltküche« funktioniert.

Aber wen wundert das: Alle Märchen wollen schließlich als Beispiel dienen.

Lieblingsort Der Teich im Görli: »Es gibt im Görlitzer Park einen kleinen versteckten Teich. Dort haben wir als Kinder immer gespielt, stundenlang, bis es dunkel wurde und wir wieder nach Hause mussten. Es ist für mich der Ort meiner glücklichen Kindheit.« | **Adresse** Höhe Görlitzer Straße 35, 10997 Berlin-Kreuzberg

103__ Sharon Adler

Pionierin

Es war an dem knallroten Küchentisch, an dem so vieles, was sie auf den Weg brachte, seinen Anfang genommen hat. Hier wurde 1999 das Frauen-Online-Magazin »AVIVA-Berlin« gegründet, mit deutsch-jüdischem Themenschwerpunkt. Ein Stadtmagazin, das auch heute noch, über 16 Jahre später, seine wichtige Aufgabe erfüllt: der Schieflage der medialen Darstellung von Frauen entgegenzuwirken. Darauf aufmerksam zu machen, dass Frauen immer noch hauptsächlich mit Themen wie sozialem Engagement, Mode und Kosmetik in Verbindung gebracht werden, aber im Bereich Wirtschaft auf Fotos so gut wie gar nicht vorkommen. »Es geht vor allem darum«, sagt die Journalistin und Fotografin, »das Bewusstsein zu schärfen.« Und dafür findet sie neue Formen. Die sind unmissverständlich in ihrer Botschaft und gleichzeitig von einer unglaublich coolen Selbstverständlichkeit: In einer ihrer Fotoreihen macht sie auf das häufig noch veraltete Bild von Frauen in der (Auto-)Werbung aufmerksam: Sie porträtierte für ihr Buch »Damenwahl« 40 ganz unterschiedliche Frauen mit ihren eigenen oder ihren Traumautos.

Und wie schon so oft zuvor stand auch bei ihrem Projekt »Schalom Aleikum« der rote Küchentisch im Mittelpunkt: Hier saßen sich im Jahr 2014 Frauen gegenüber: immer eine Muslima und eine Jüdin. Sie befragten sich gegenseitig über das Leben mit der jeweils anderen Religion: Was verbindet uns? Was trennt uns?

Fragen zu stellen und sich nicht mit allgemeinen Phrasen vertrösten zu lassen, genau wie die Frauen bei Schalom Aleikum, dazu ruft uns Sharon Adler auf. Schon will man die Themen anpacken so wie sie, die nebenbei auch noch Mutter ist, ehrenamtliche Vorstandsvorsitzende der Stiftung »ZURÜCKGEBEN – Förderung jüdischer Frauen in Kunst und Wissenschaft« – und 2012 mit dem Berliner Frauenpreis ausgezeichnet wurde.

Ach so, »Aviva« ist übrigens hebräisch und heißt »Frühling«.

Lieblingsort Der Körnerpark: »Hier in der Wohnung meiner Urgroßmutter mit Blick auf den Körnerpark bin ich aufgewachsen. Der Park hat sich sehr verändert seit damals – und ist für mich daher auch ein Sinnbild für den Wandel in dieser Stadt.« | **Adresse** Schierker Straße 8, 12051 Berlin-Neukölln

104___Simona Malvezzi
Kontextproduzentin

»Das Haus ist wie eine Stadt in der Stadt konzipiert« – mit energischen Handbewegungen durch die Luft beschreibt die Architektin, wie diese funktioniert. Die Mailänderin hat mit ihrem Büro »Kuehn Malvezzi« den Wettbewerb für das »House of One« in Berlin gewonnen. Die Bauherren: ein Rabbiner, ein Pfarrer, ein Imam. Das Haus ist das weltweit erste gemeinsame Bet- und Lehrhaus der drei Weltreligionen. Es ist eine Herausforderung, sagt Simona Malvezzi, aber es ist auch eine große Ehre, bei dieser Annäherung der großen Religionen dabei sein zu dürfen. Die Vorgaben des Bauherren-Trios waren: Es soll ein öffentlich zugängliches Gebäude werden und gleichzeitig ein spiritueller Ort. »Ja, aber eigentlich noch viel mehr«, sagt Simona Malvezzi nachdenklich, »eigentlich ist es ja ein Signal für die ganze Welt!«

Gewonnen hat sie vielleicht auch deshalb, weil sie Berlin in den Entwurf mit einbezogen hat. Dort, wo das »House of One« gebaut werden soll, stand früher einmal die Petrikirche im ältesten Kern von Berlin. Im Entwurf von Kuehn Malvezzi geben die in den letzten Jahren freigelegten Fundamente der Kirche den Fußabdruck für das neue Gebäude vor. So wird dieser historische Ort für das Neue aktiviert. Das Gebäude vereint eine Synagoge, eine Kirche und eine Moschee unter einem Dach. Sie gruppieren sich um einen kreisrunden Kuppelsaal. Er ist, wie eine städtische Piazza, ein Raum der Begegnung.

Die Umgebung ist nicht gerade einladend, vor dem Grundstück liegt die achtspurige Gertraudenstraße, dahinter eine Reihe Plattenbauten. Hier sollen irgendwann Berliner und Besucher zusammenkommen und Spiritualität voneinander erfahren? Aber vielleicht ist gerade das atheistische Berlin der Ort, wo diese Vision Wirklichkeit werden kann. Berlin macht jung, sagt Simona Malvezzi an einer Stelle. Und das gilt vielleicht nicht nur für die Menschen, sondern auch für die Ideen.

Lieblingsort Der Fußballplatz: »Mitten im Zentrum der Stadt zwischen Linienstraße und Auguststraße liegt völlig überdimensioniert zwischen all den kleinen Straßen dieser große Fußballplatz. Es ist total absurd, aber dadurch auch wieder sehr inspirierend. Er schafft eine gewisse Freiheit.« | **Adresse** Sportplatz Auguststraße, Auguststraße 66–67, 10117 Berlin-Mitte

105_ Stefan Schmidt

Straßenchorleiter

Als der erfolgreiche junge Pianist beim Finale des Wettbewerbs antritt, hat er gute Chancen, zu gewinnen. Aber dann kommt alles anders. Eine Herzmuskelentzündung, sagen die Ärzte später. »Ich war fast tot«, erzählt Stefan Schmidt. Bühnenauftritte, sagt man ihm, seien ab jetzt viel zu riskant, und sein Leben, das bis dahin einzig und allein darauf ausgerichtet war, Klavier zu spielen und Wettbewerbe zu gewinnen, schien mit einem Mal jeden Sinn verloren zu haben.

Als Stefan Schmidt dann Jahre später nach Berlin kommt, ist er immer noch auf der Suche. Er unterrichtet und spielt inzwischen auch wieder selbst Klavier. Als ein Fernsehsender anfragt, ob er bei einer Dokumentation über einen Chor mit obdachlosen Menschen mitmachen würde, sagt Stefan Schmidt zu – und blüht auf! Er ist selbst überrascht darüber, dass es ihm so viel Freude macht.

Er weiß, er wird weitermachen mit diesem Chor. Denn Singen hilft. Zusammen singen ist ja vor allem auch Kommunikation, erklärt er. Und wer viele Jahre auf der Straße lebt, muss das erst wieder lernen. Die Musik hilft den Menschen viel mehr, als wenn man ihnen zwei Euro in den Kaffeebecher wirft – sie gibt ihnen die Möglichkeit, wieder mitzusprechen. Aber ein gemeinsames Erfolgserlebnis ist nicht nur ein Auftritt in der Philharmonie. Auch wenn eine 14-Jährige aus dem Chor, die mehrere Jahre auf der Straße lebte, wieder in die Schule geht und eine neue Familie gefunden hat, ist das etwas, was alle im Chor sehr stolz macht.

Ohne seine eigene Krankheit hätte er nicht so lange durchgehalten, da ist sich Stefan Schmidt sicher. Nur wer selbst weiß, wie sich das anfühlt, ganz ohne Perspektive zu sein, der weiß auch, dass es viel Geduld braucht und manchmal mehrere Anläufe – und dass es wichtig ist, dass da jemand ist, der an einen glaubt und nicht lockerlässt.

Und diese Aufgabe nimmt Stefan Schmidt heute sehr ernst.

Lieblingsort Limayra: »In diesem Lokal gibt es sehr guten Wein – und das ist für Berlin eine Seltenheit. Für einen, der wie ich aus einer Weingegend zugereist ist, also ein wichtiger Ort.« | **Adresse** Maaßenstraße 11, 10777 Berlin-Schöneberg

106__ Sybille Ugé
Flotte Lotte

Und dann, wenn sie sich die rote Nase aufsetzt ganz zum Schluss, dann ist sie mit einem Mal da, die flotte Lotte, und guckt einen schief an. Sie nimmt sich Zeit, lehnt sich zurück, lächelt ein kleines bisschen, pustet in ihre weiße Feder, wartet ab.

Das ist ein magischer Moment, der Beginn, sagt Sybille Ugé: Ich muss darauf warten, eintreten zu dürfen. Das ist keine feste Rolle oder Nummer, das ist jedes Mal ganz neu.

Als flotte Lotte besucht sie Menschen in Krankenhäusern: Kinder, ältere Menschen, aber vor allem Demenzpatienten. Die flotte Lotte ist sehr abenteuerlustig. Sie entdeckt eigentlich bei jedem Menschen eine Schönheit, eine Hoffnung im Hier und Jetzt. Ein Clown ist wie gemacht dafür, denn er kennt kein Vorher oder Später, kein Richtig oder Falsch. Er macht das Angebot für eine ganz und gar offene Begegnung. Und das ist jedes Mal wieder ein Geschenk, erzählt Sybille Ugé.

Und dann wird Geste für Geste eine Welt aufgebaut, ganz vorsichtig, denn oft ist sie anfangs noch sehr zerbrechlich. Flotte Lottes Neugier ist grenzenlos. Wenn sie durch Demenz veränderte Menschen über längere Zeit begleitet, meistern sie schon bald Situationen zusammen, die eigentlich ganz normal sind, die aber für diese Menschen allein nicht zu bewältigen sind. Die Bilder im Kopf schmücken Augenblicke aus: Ein demenziell veränderter Mensch und ein Clown im Freibad, beim Picknick im Botanischen Garten, beim Tanztee. Solange sie die rote Nase aufhat, darf sie alles, sagt sie frech. Sie darf sogar der mürrischen Oberschwester mit der schlechten Laune sagen, dass sie heute wieder mal zum Davonlaufen aussieht!

Natürlich ist es manchmal zum Weinen in den Krankenhäusern, sagt Sybille Ugé. Doch was sie dann sagt, ist so schön, dass man es so schnell nicht wieder vergisst: »Ich verschenke mich in diesen Augenblicken – das ist meine Art, mich vor dem Leben zu verneigen.«

Lieblingsort Die Schaukeln im Leise-Park: »Auf dem früheren Friedhof, der jetzt ein Park ist, gibt es diese großartigen Schaukeln zum Hinlegen. Wenn viel zu tun ist oder eine schwierige Entscheidung ansteht, sollte man schaukeln gehen!« | **Adresse** Heinrich-Roller-Straße, 10405 Berlin-Prenzlauer Berg

107 Thomas-Dietrich Lehmann

Taxipfarrer

So richtig erklären kann man das nicht, aber sobald die Menschen auf der Rückbank Platz genommen haben, beginnen sie auch schon zu reden. Am liebsten über sich selbst. Aber das macht nichts, dafür sei er ja da. Thomas-Dietrich Lehmann, den seine Freunde und Kollegen kurz »Leh« nennen, liegt das Zuhören. Er ist Taxifahrer und Pfarrer. Es ist ja auch eine Art Beichtstuhl, die Rückbank, überlegt er: ein geschlossener Raum, in dem man sich ganz nah ist und trotzdem anonym bleibt.

Und dann wartet Thomas-Dietrich Lehmann meistens erst einmal ab, was der Mensch auf der Rückbank erwartet: Möchte er einen Rat, möchte er überhaupt eine Antwort – oder einfach nur sein Herz ausschütten? Ein guter Taxifahrer spürt das. Was zählt, ist vor allem: Menschenkenntnis. Die braucht er auch in seinem anderen Beruf als evangelischer Seelsorger. Und, sagt er, man wird ja auch immer besser darin! Dann macht es richtig Spaß – falls das einen überhaupt interessiert, das Leben und all seine Fragen, die es uns so vorlegt, fügt er hinzu.

Das Autofahren gibt ihm dabei die nötige Erdung. Wenn er ganz frühmorgens am Hauptbahnhof vorbeikommt, die Sonne gerade aufgeht, dann liebt er es: die Stadt, den Beruf und das Leben. »Berlin ist ein Teil von mir geworden. Ich kann die Gegenden dieser Stadt an ihrem bestimmten Geruch erkennen.« Und weil er eben schon so viel in Berlin erlebt hat, als Hausbesetzer, Taxifahrer, Theologiestudent und Vater, hatte er auch die Idee zu seinem bisher dritten Beruf: Er bietet individuelle Stadtrundfahrten an, natürlich in der Taxe, versteht sich. Es gibt Routen, zu denen er auch persönlichen Bezug hat, zum Beispiel die Tour entlang der Berliner Mauer. Diese Führung, buchbar für bis zu sechs Personen, Dauer 120 Minuten, heißt dann: eine Berliner Wall-Fahrt.

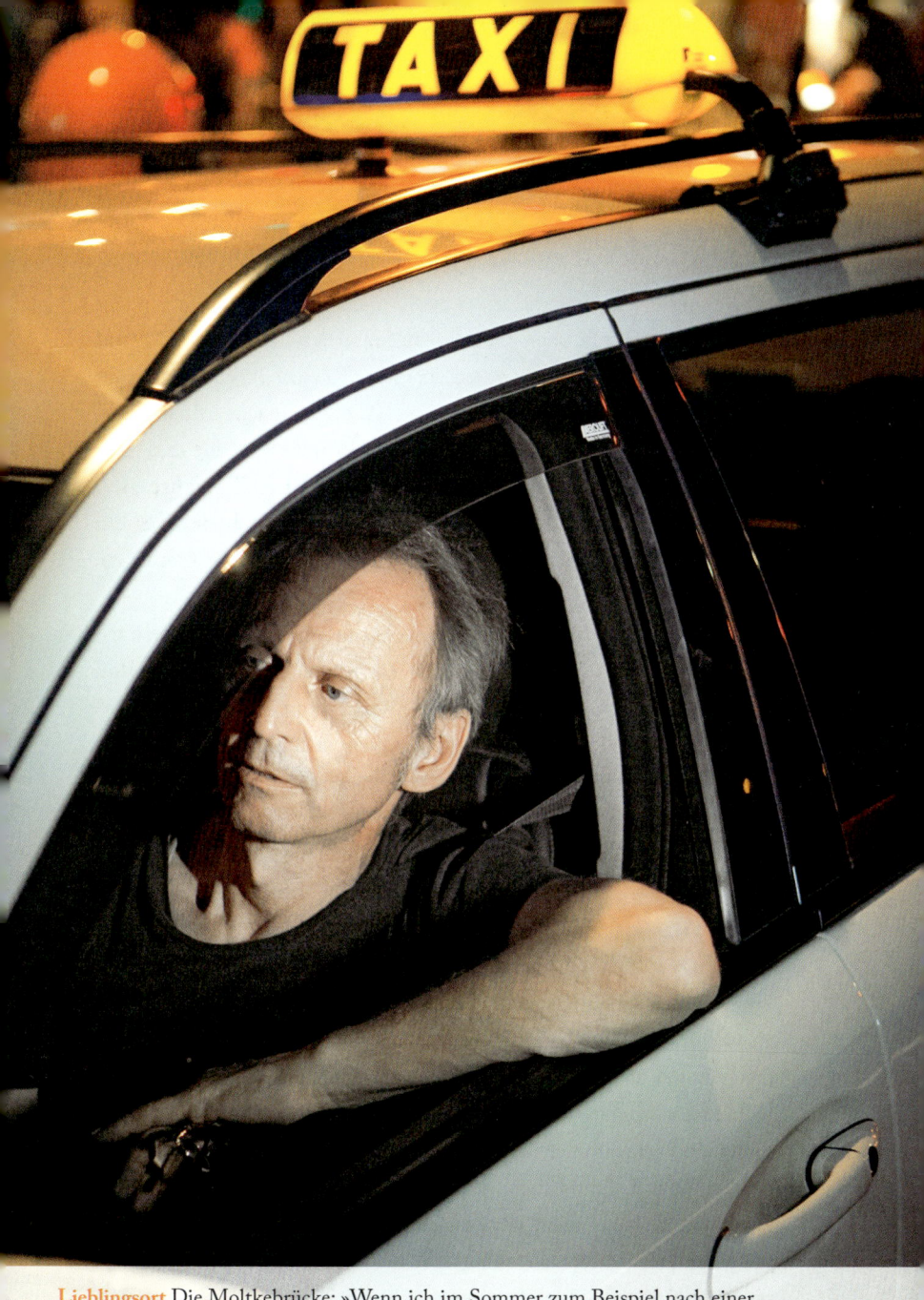

Lieblingsort Die Moltkebrücke: »Wenn ich im Sommer zum Beispiel nach einer allerersten Flughafentour in die Stadt zurückfahre und von der Moltkebrücke in die aufgehende Sonne sehe, während alles noch schläft – dann weeß ick, warum ick auf der Taxe sitze.« **| Adresse** 10557 Berlin-Mitte

108 Tom Luszeit

Der Soldat vom Checkpoint Charlie

»Einmal salutieren, sehr schön, jetzt: Daumen hoch, und dann noch mal: Schulter vor und streng gucken, so, das war's!« Schon drängeln sich die Nächsten nach vorne vor das ehemalige Grenzhäuschen und geben ihre Handys und Kameras ab, um sich mit den Soldaten gegen zwei Euro fotografieren zu lassen.

»Der Checkpoint Charlie ist ein Teil von mir«, sagt der Mann mit den freundlichen braunen Augen unter dem glänzenden schwarzen Schirm der Soldatenmütze. Tom Luszeit kann sich noch genau an die Grenze erinnern. Sein Vater, ein amerikanischer GI, stationiert in Westberlin, verliebte sich damals in eine junge Berlinerin. Aus Ostberlin. Nach der Hochzeit lebte die Familie im Westen der Stadt – aber immer wenn die Mutter mit ihm die Großeltern in Ostberlin besuchte, überquerten sie die deutsch-deutsche Grenze am Checkpoint Charlie. »Diese Gänsehaut – das vergisst man nicht mehr.«

Und als Tom Luszeit viele Jahre nach der Maueröffnung wieder einmal einigen Freunden die Stadt zeigte, versuchte er ihnen dieses Gefühl zu erklären. Er zeigte ihnen, wo die Soldaten standen, wo man den Pass abgeben musste. Und da hatte der Schauspieler eine Idee: Er besorgte sich eine Uniform der Volkspolizei und mit einigen Umwegen die Erlaubnis von der Stadt, als Künstler an der Grenzübergangsstelle stehen zu dürfen. Am Anfang dachte niemand daran, damit Geld zu verdienen, sagt Tom Luszeit. Es ging nur darum, die Geschichte dieses Ortes greifbar zu machen.

Heute stehen sie immer zu viert, sommers wie winters und nicht mehr als Volkspolizisten, sondern als Alliierte vor den Grenzhäuschen und sind ohne Frage die meistfotografierten Männer Berlins. Und oft sind sie es auch, die den jungen Berlin-Besuchern erklären, was es mit dem Stopp ihres Reisebusses hier auf sich hat, wo früher einmal die Grenze verlief – und auch, dass der Westen nicht dort war, wo heute die neuen Häuser stehen.

Lieblingsort Das Gröbenufer: »Neben der Oberbaumbrücke konnte man damals gut sitzen und auf das andere Ufer nach Ostberlin schauen. Dort saß ich als Jugendlicher oft und machte mir Gedanken über die geteilte Stadt, in der ich auf beiden Seiten meine Wurzeln hatte.« | **Adresse** May-Ayim-Ufer, 10997 Berlin-Kreuzberg

109 Waldtraut Balzer

Backmeisterin

Versucht man durch die Spitzengardinen einen Blick nach innen zu erhaschen, sieht man von Zuckerguss glänzende Streuselschnecken, in Schokolade getunkte Liebesknochen, sieht man Spitzendecken und eine Kaffeemaschine, sieht man vollkommen aus der Zeit gefallene blaugraue Kacheln an der Wand – und sieht man hinter dem Tresen durch die offene Tür direkt hinein in die Backstube.

Denn hier wird alles selbst gebacken, jede Torte und jedes Brot. Und das ist Waldtraut Balzer zu verdanken. Sie hat damals in der Bäckerei bei den Eltern das Backen gelernt. »Von der Pike auf.« Das war auch schon in der Sophienstraße. An der Wand hängt ein großes Foto mit der Mutter und den drei Bäckermeistern. Dann ist die Mutter früh gestorben, und Waldtraut Balzer hat den Laden übernommen. Seitdem steht sie hier und verteidigt ihre Ware gegen die Backshops dieser Stadt.

Der Unterschied? »Ick kann Ihnen den Unterschied flüstern!« Zum Beispiel die Schrippen, sagt die 82-Jährige. Schrippen müssen rösch sein, oder nicht? Dazu braucht man Mehl, Wasser und Hefe. Und für die Rösche ein bisschen Biomalz. Das ist alles. Aber in den Schrippen seien ja heutzutage alle möglichen Zusatzstoffe drin, um das Brötchen außen knusprig zu machen und innen schön weich. »Aber die haben keinen Geschmack und innen: kein Nischt!«

Zu tun gibt es immer. Heute hat die amerikanische Botschaft ihre Bestellung mit Neujahrs-Pfannekuchen abgeholt. Zehn davon mit Senf. Als der Abholer wissen wollte, welche denn nun die zehn seien, zuckte Frau Balzer nur mit den Schultern. Das sei doch der ganze Witz dabei, dass man es eben nicht weiß!

Es stimmt schon, es gibt einen Trend zu gutem, selbst gebackenem Brot – aber nachts von 24 bis 6 Uhr an den Öfen stehen will anscheinend niemand dafür. Waldtraut Balzer sucht jetzt nach einem würdigen Nachfolger – ihre vielen Stammkunden werden es ihr danken!

Lieblingsort Unsere Bank: »Auf dem Gelände des ehemaligen Jüdischen Altersheims steht eine Bank mit meinem Namen. Sie erinnert daran, dass mein Vater in unserem Keller damals jüdische Nachbarn versteckt hat. Manchmal gehe ich zu unserer Bank, setze mich hin und erinnere mich.« | **Adresse** Große Hamburger Straße 26–27, 10115 Berlin-Mitte

110 Wolfgang Lange
Spree-Kapitän

Die »Milan« ist schon eine alte Dame. Seit 1980 ist sie auf den Berliner Gewässern unterwegs. Doch auch auf ihre alten Tage ist sie noch ziemlich umtriebig: Von März bis November fährt sie jeden Tag unzählige Male die City-Tour. »An der Lutherbrücke ist die Welt zu Ende«, sagt Wolfgang Lange, ohne den Blick vom Wasser und die Hände vom blank polierten Steuerrad zu nehmen. Das Wendemanöver vor dem Haus der Kulturen der Welt ist jedes Mal wieder eine Herausforderung. Denn wer denkt, dass es auf dem Wasser geruhsamer zugeht als auf den Straßen einer Großstadt, der irrt: »Allet free, Bruno«, »Kannst überholen«, »Ziehe gleich zurück« – das olivgrüne Funkgerät im Steuerhaus der Milan sendet ununterbrochen. Die vielen Dampfer auf diesem Spree-Abschnitt müssen sich über die Reihenfolge auf der Tal- oder Bergfahrt, das Wenden, das Warten, das An- und Ablegen – kurz: über jedes Manöver – informieren. Seinen Namen muss hier aber niemand mehr mit durchgeben: Wolfgang Lange erkennt jeden einzelnen der anderen Kapitäne an der Stimme.

Ein großes Schiff zu führen ist sein Kindheitstraum. Aufgewachsen in Friedrichshagen, hat Wolfgang Lange schon als kleiner Junge die Kapitäne auf dem Müggelsee bewundert. 1979 ist er Binnenschiffer-Matrose geworden und arbeitet seitdem fast ohne Unterbrechung im Steuerhaus. Er hat die DDR, die Wende und die Entstehung des Regierungsviertels vom Wasser aus erlebt.

»In Ostberlin«, erzählt er, »haben wir abends die Schiffe in den Treptower Hafen gefahren, direkt an der Grenze – und dann mussten alle ihre Steuerräder abgeben. Einer nach dem anderen ist dann mit seinem Steuer in der Hand im Büro vorgetreten.«

Wenn man Wolfgang Lange fragt, was er denn für Pläne hat für die Zeit nach seiner Pensionierung, dann antwortet er nach einer Pause, etwas nachdenklich: »Vielleicht ein kleines Boot …?« Als ob es da noch was zu überlegen gäbe!

Lieblingsort Friedrichshagen: »Der Berliner Bezirk am Müggelsee ist der Ort meiner Kindheit – die Badestrände und die sogenannten Pferdelöcher konnten den Veränderungen drum herum standhalten und sind so schön und lauschig wie schon immer.« | **Adresse** Müggelseedamm, 12587 Berlin-Köpenick

111 Wolfgang Nadolski

Weihnachtsmann (der echte)

Und dann ist Rudolf leider krank geworden, erzählt der Weihnachtsmann gerade, und deshalb sei er in diesem Jahr nicht mit dem Schlitten unterwegs, was aber auch ganz gut sei, denn so könne er hier viel mehr Kinder treffen.

Da schnellt ganz plötzlich und schnell wie der Blitz zwischen den vielen kleinen bemützten Köpfen eine Hand nach oben und berührt den Bart des Weihnachtsmanns. Denn, das weiß ja jeder: Der Bart ist meistens nur angeklebt, und deshalb ist es ja auch eigentlich nie der echte Weihnachtsmann … Doch der Weihnachtsmann schimpft nicht. Er sagt: »Ihr wollt gucken, ob ich echt bin?« Da strecken sich viele kleine Hände nach oben, und alle dürfen einmal fühlen. Und dann sehen die Kinder allesamt sehr, sehr zufrieden aus. Denn: Der Bart ist echt.

Wolfgang Nadolski ist erst mit 73 Jahren Weihnachtsmann geworden. »Ich hab das aber inzwischen schon so viele Male gemacht, dass ich schon beinahe selbst dran glaube«, sagt er noch, und als das Telefon klingelt, meldet er sich ohne Umschweife mit: »Hier ist der Weihnachtsmann.«

Er winkt den Menschen auf der Straße zu, viele sind erst ein wenig verlegen, doch dann müssen die meisten lächeln, und einige heben sogar ein bisschen zögerlich die Hand und winken zurück. »Dit is eben, was so Spaß macht.« Er dreht sich um, geht ein bisschen in die Knie, streckt die Brust raus, hebt beide Arme, rollt mit den Augen und ruft mit lauter Stimme, die ganz tief aus der Brust kommt: »Ho Ho Ho HOOO!«

»Die Leute freun sich«, sagt er mehr zu sich selbst. Man darf vor allem eins nicht vergessen: Der Weihnachtsmann kann alles, und der Weihnachtsmann weiß alles. »Und wenn man das richtig verinnerlicht hat«, verrät er mit einem Lächeln, »dann ist es auch gar nicht immer notwendig, wirklich alles zu wissen.« Das helfe übrigens, auch wenn keine Weihnachtszeit ist.

Lieblingsort Die Bank am Wasserfall: »Abseits des Weges, ganz versteckt hinter Büschen, in der Nähe des Wasserfalles, steht eine Bank zum Verweilen, zum Lesen, zum Träumen und zum Nachdenken – und man hat außerdem noch einen schönen Blick auf ›mein geliebtes Berlin‹.« | **Adresse** Viktoriapark, Kreuzbergstraße, 10965 Berlin-Kreuzberg

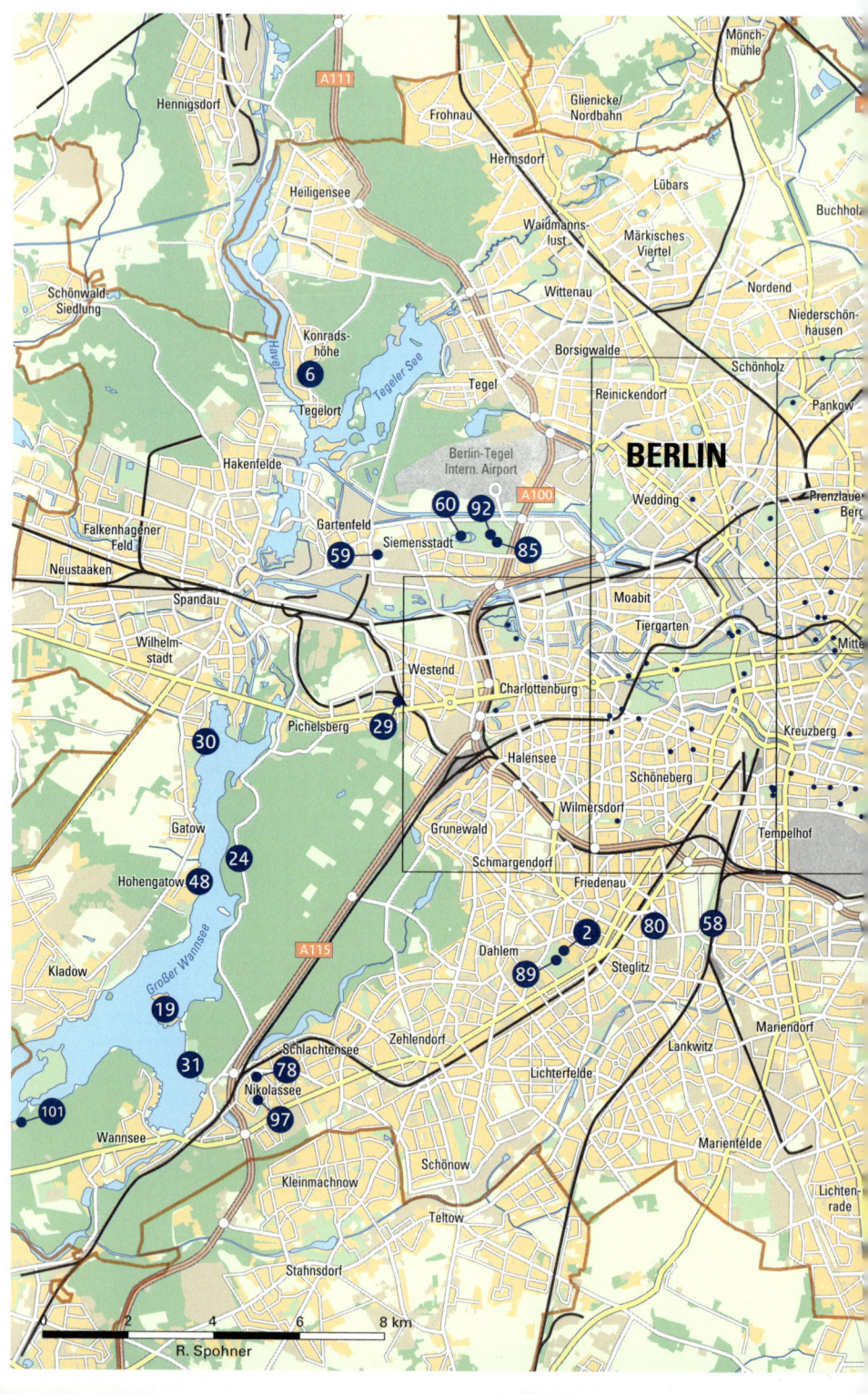

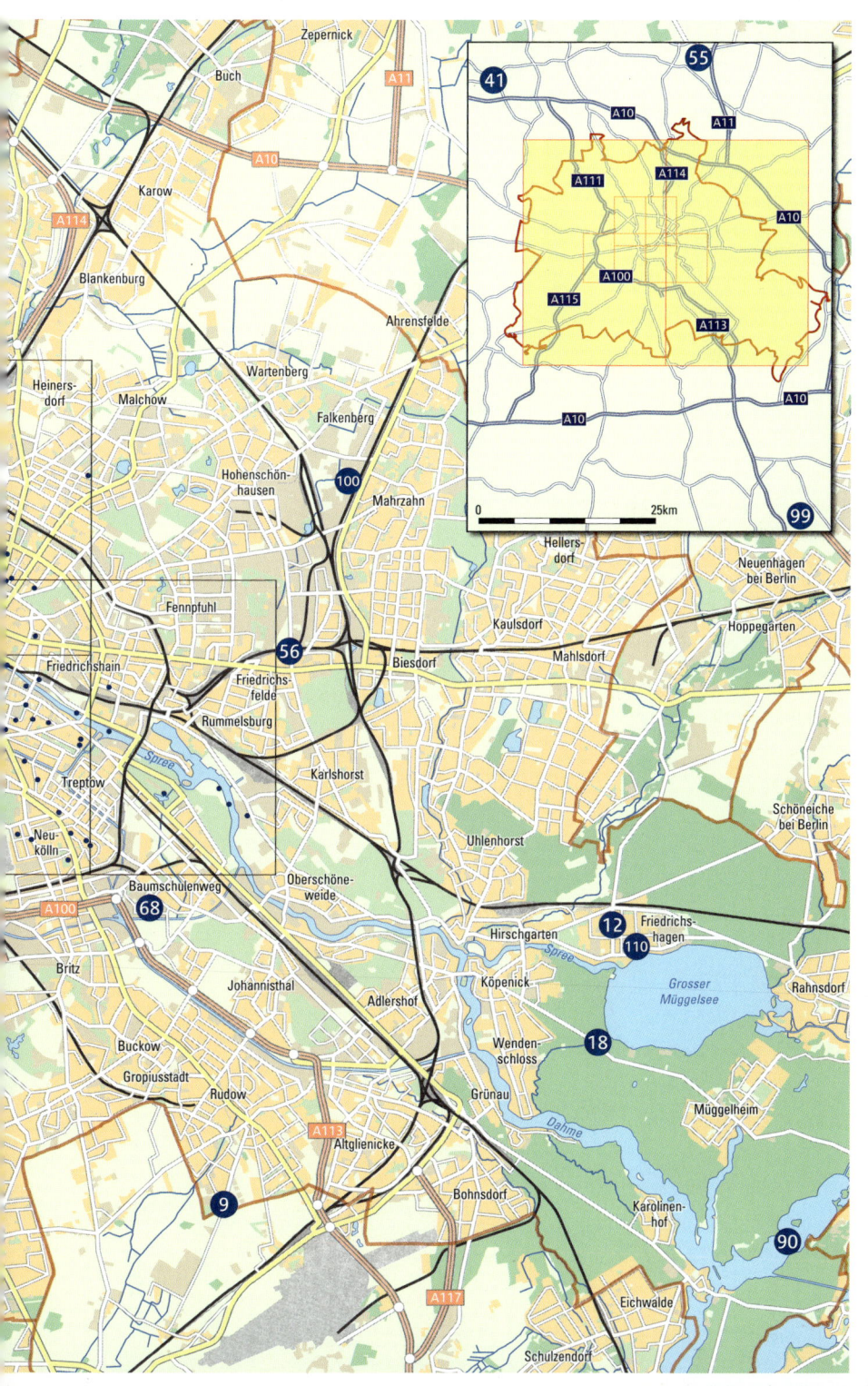

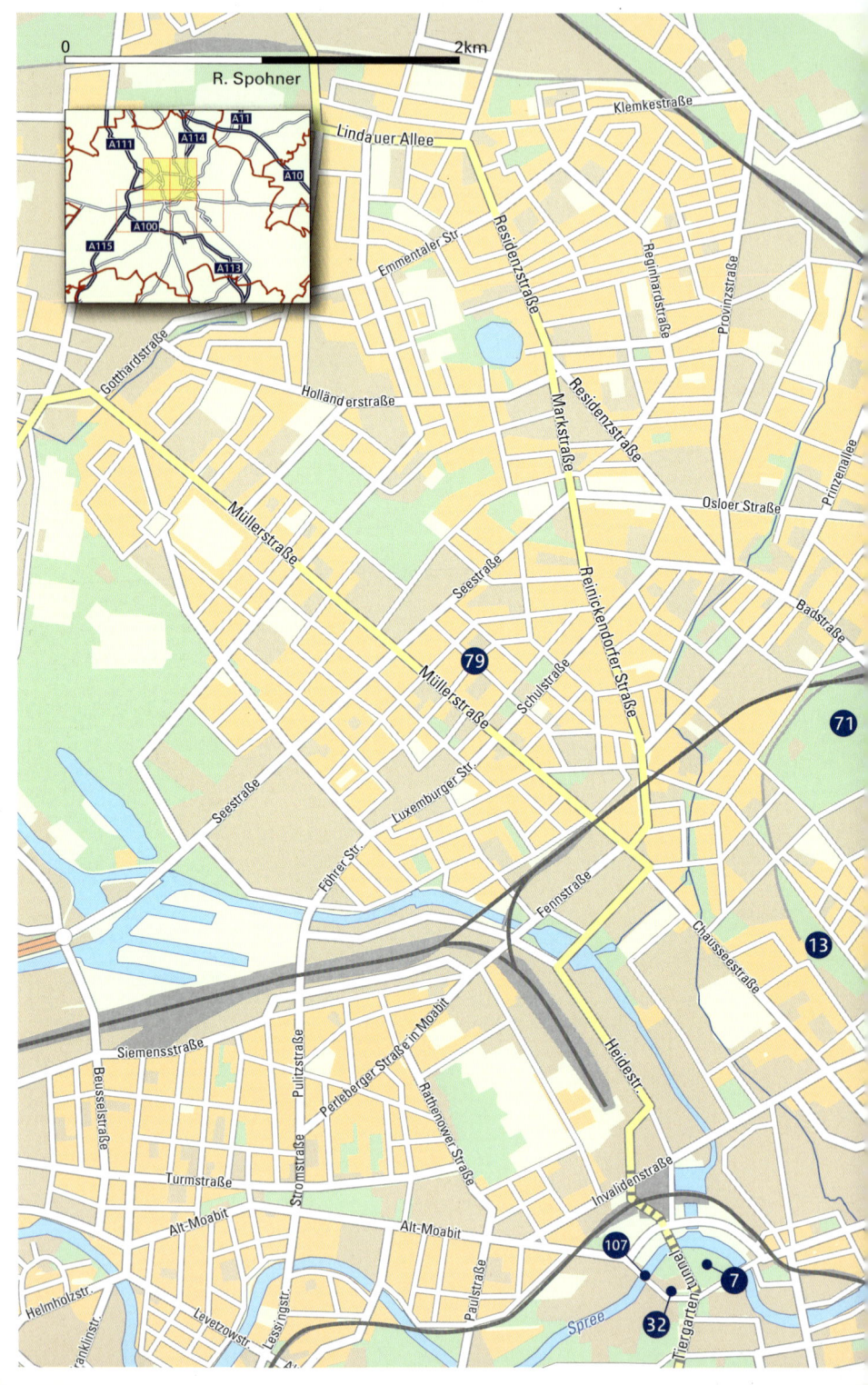

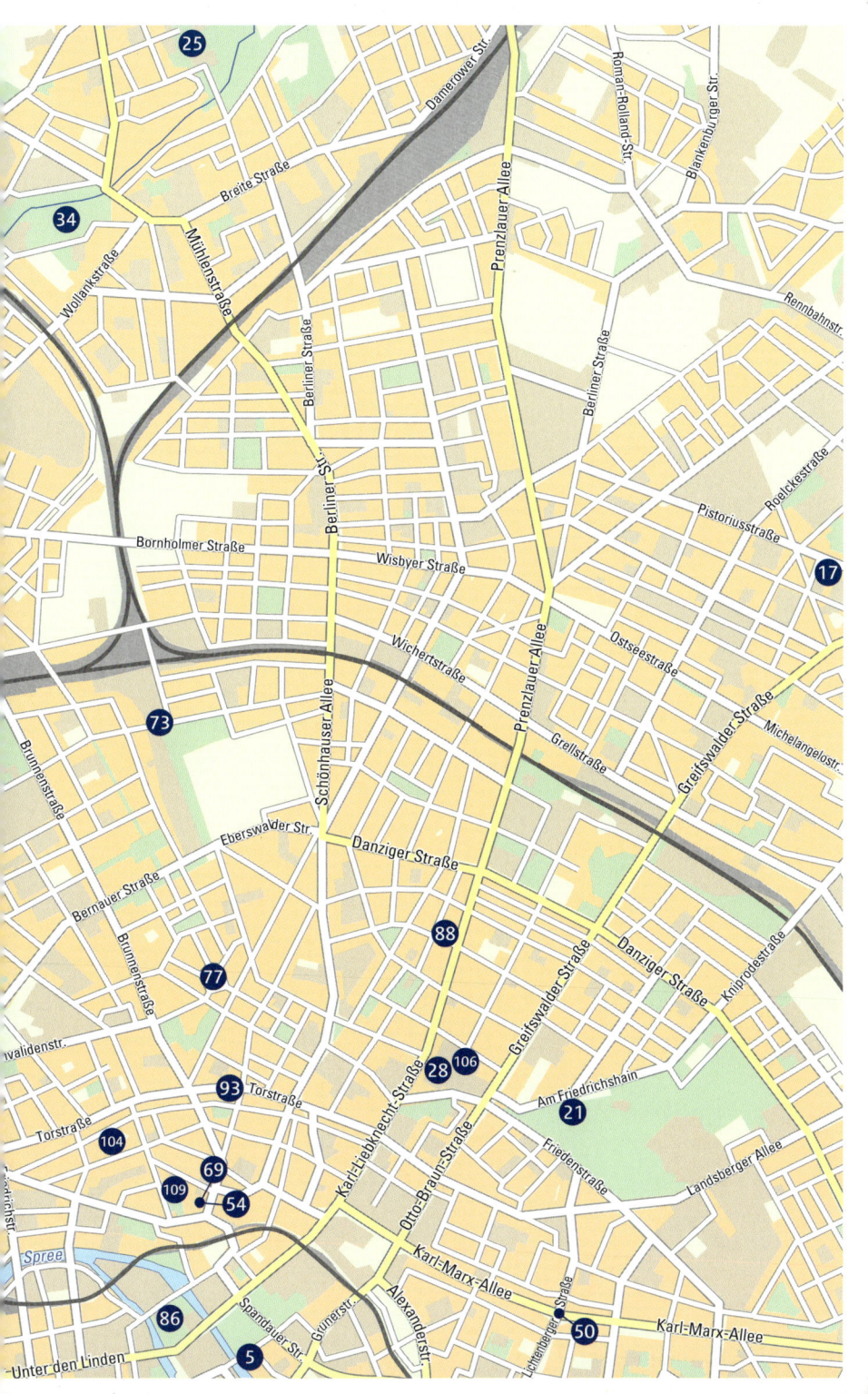

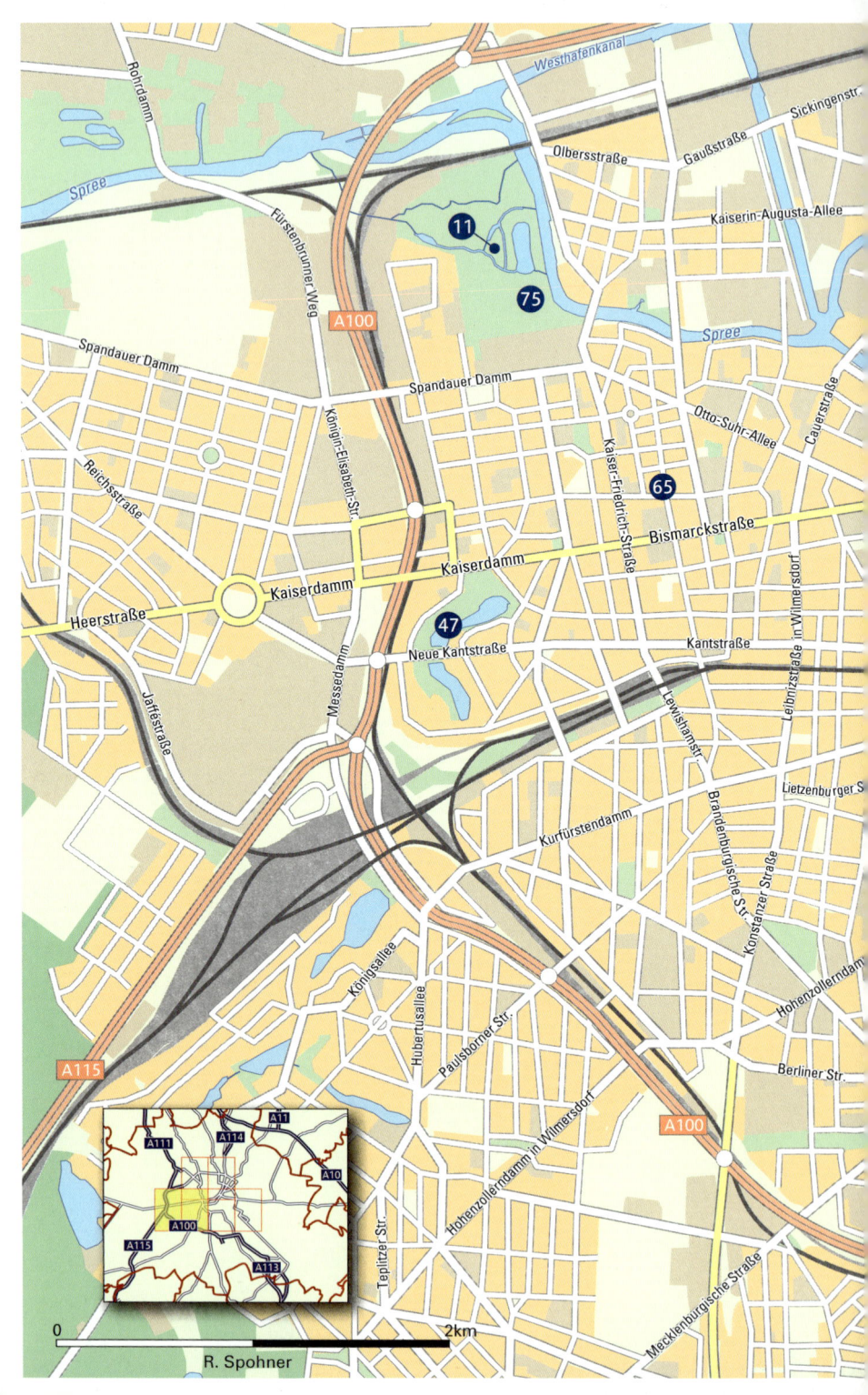

Westhafenkanal

Rohrdamm

Spree

Olbersstraße

Gaußstraße

Sickingenstr.

Kaiserin-Augusta-Allee

Fürstenbrunner Weg

11

75

Spree

A100

Spandauer Damm

Spandauer Damm

Otto-Suhr-Allee

Cauerstraße

Reichsstraße

Königin-Elisabeth-Str.

Kaiser-Friedrich-Straße

65

Bismarckstraße

Kaiserdamm

Kaiserdamm

Leibnizstraße in Wilmersdorf

Heerstraße

47

Kantstraße

Neue Kantstraße

Messedamm

Jafféstraße

Lewishamstr.

Kurfürstendamm

Lietzenburger S

Brandenburgische Str.

Konstanzer Straße

Königsallee

Hohenzollerndamm

Hubertusallee

Paulsborner Str.

Berliner Str.

A115

Hohenzollerndamm in Wilmersdorf

A100

Teplitzer Str.

Mecklenburgische Straße

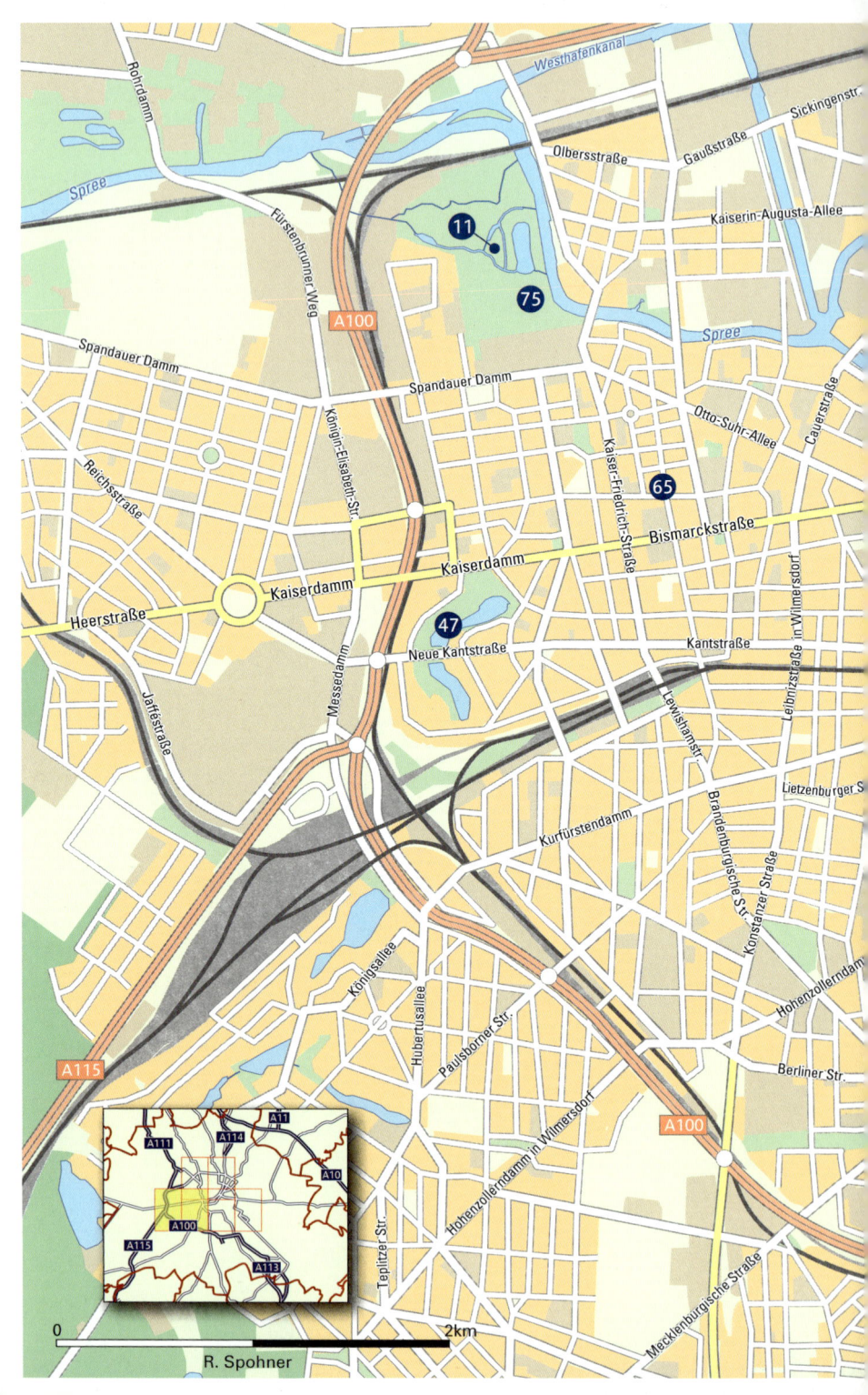

A11

A111

A114

A10

A100

A115

A113

0   2km

R. Spohner

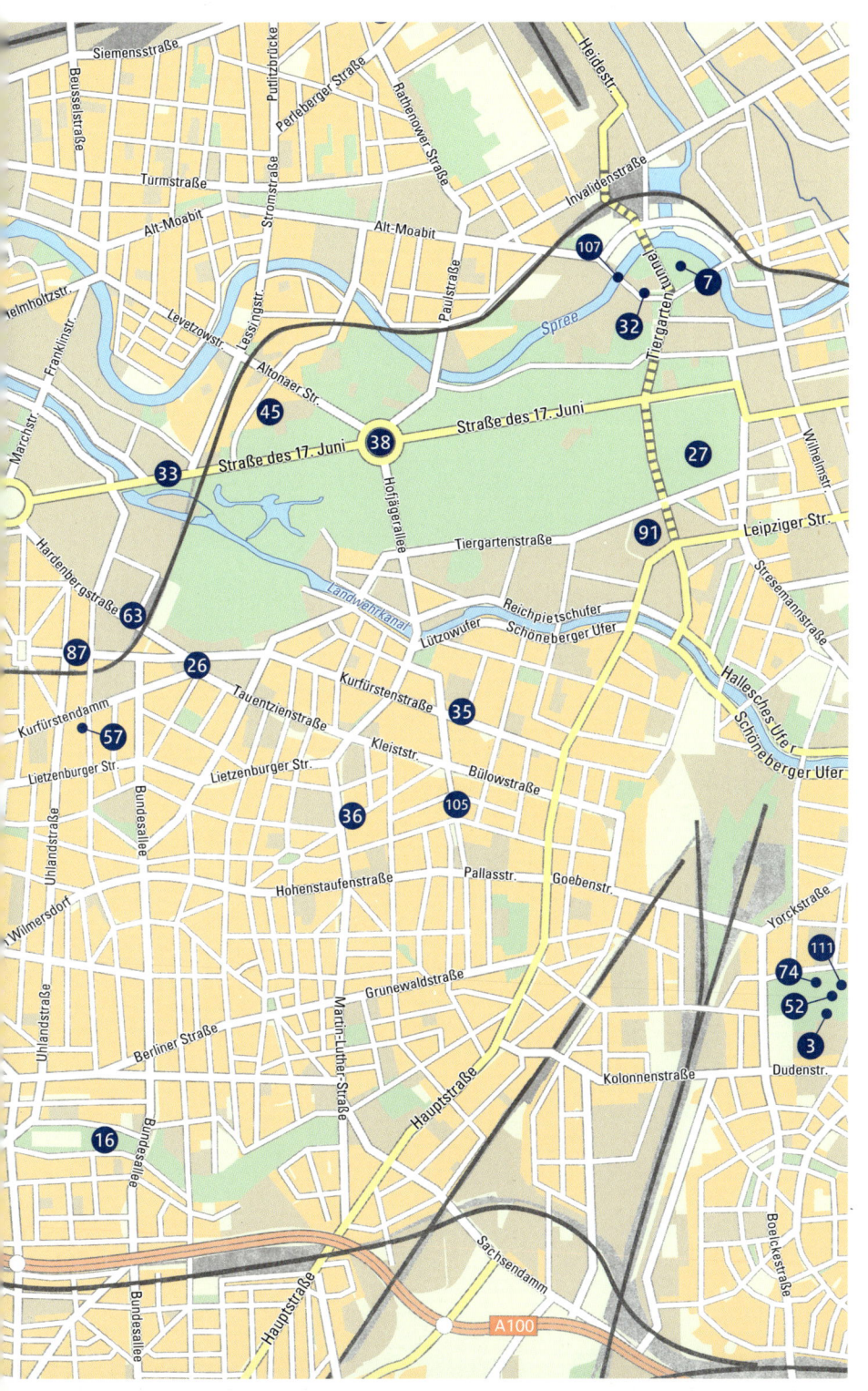

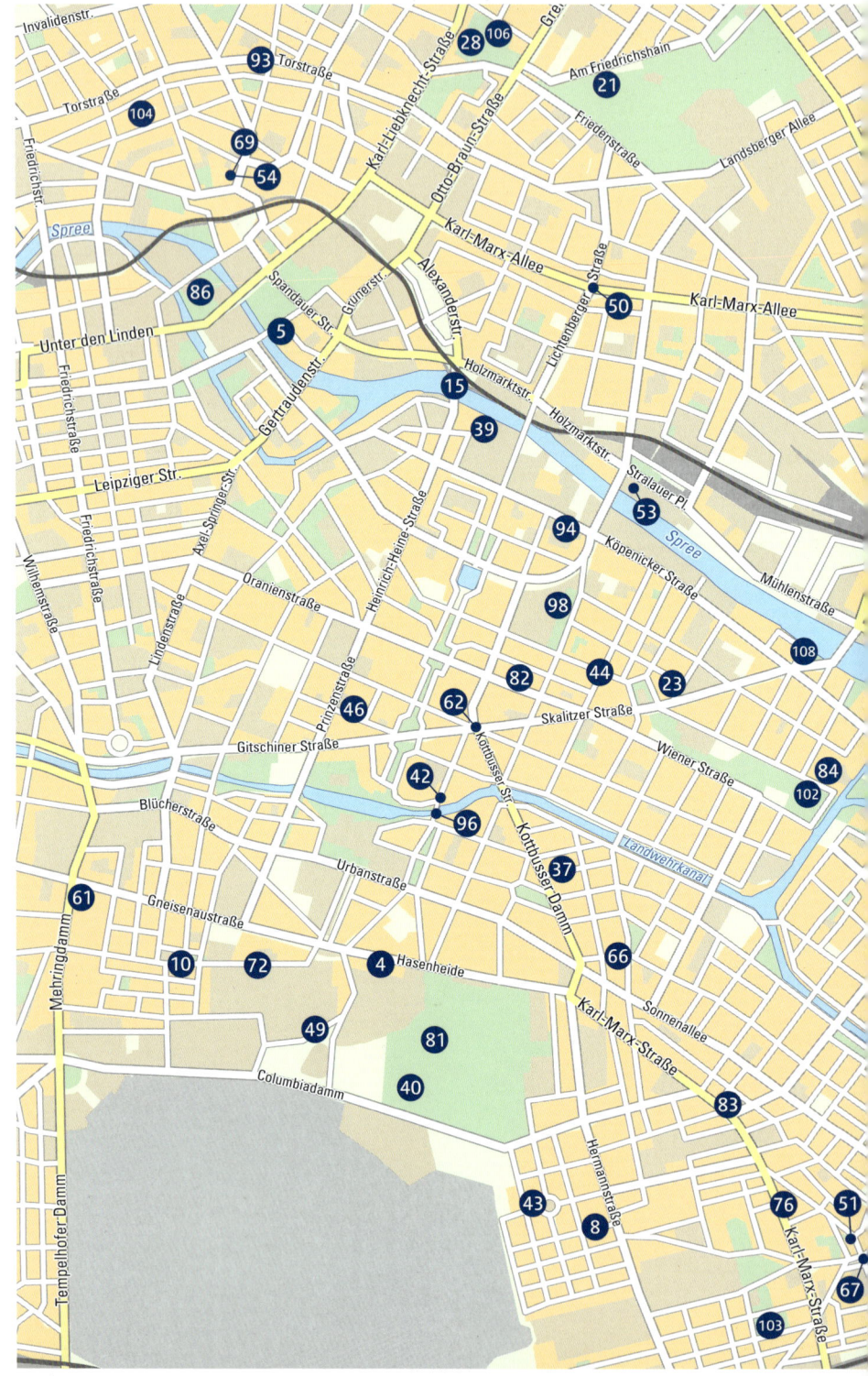

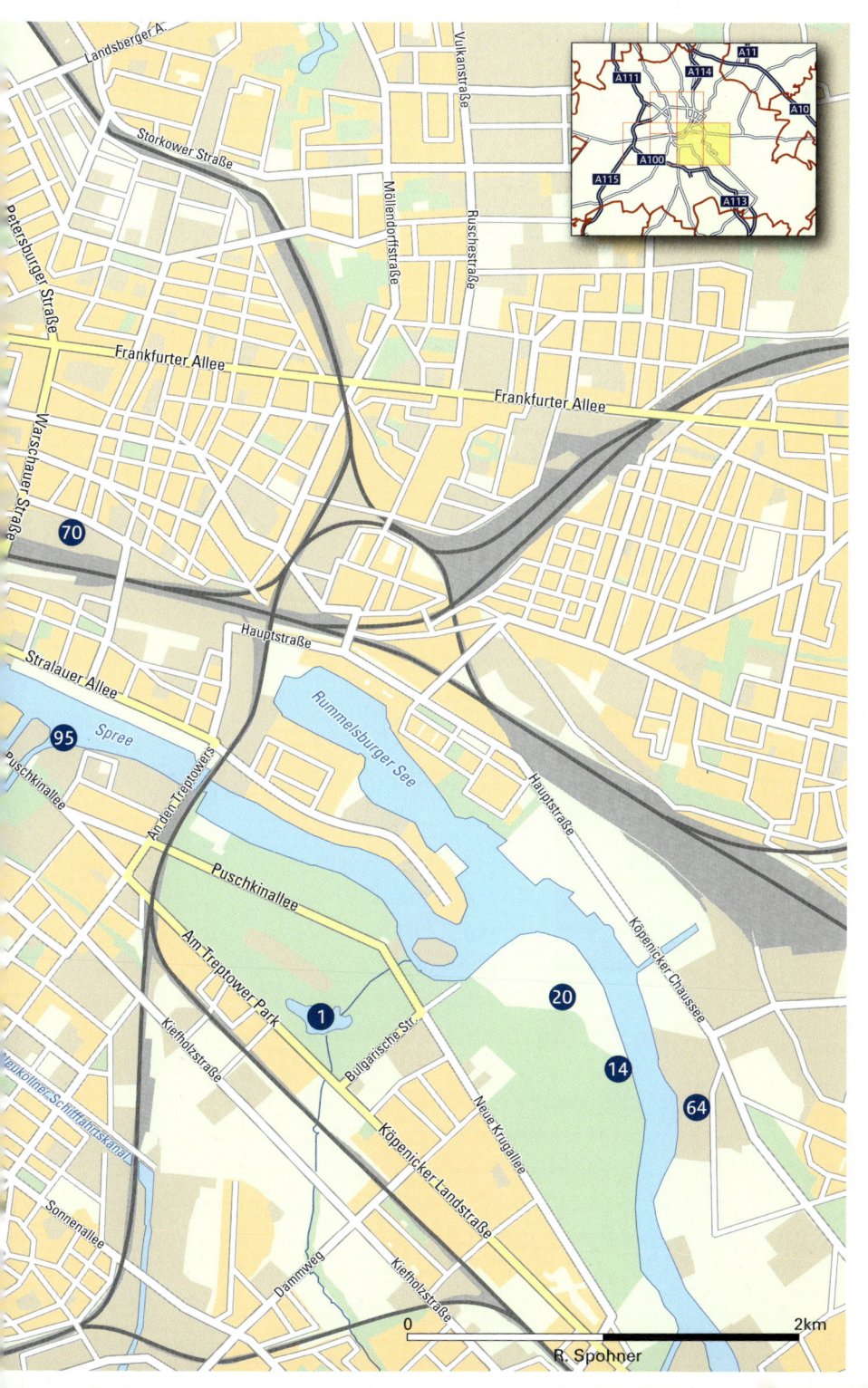

Die Autorin

Lucia Jay von Seldeneck ist Berlinerin sowie Autorin und Pressesprecherin. Spätestens auf den Entdeckungstouren für die Bücher »*111 Orte in Berlin, die man gesehen haben muss*« ist ihr klar geworden: Die Geschichten, die Berlin einem immer wieder völlig unerwartet vor die Füße legt, sind wahre Perlen. Sie sind es, die Berlin verzaubern. Und das ist auch den Berlinern zu verdanken, die es sich noch nie haben nehmen lassen, ihre Stadt mitzugestalten. Lucia Jay von Seldeneck lebt mit ihrem Mann und ihren zwei Kindern in Kreuzberg.

Die Fotografin

Verena Eidel ist gebürtige Berlinerin, freie Grafikerin und Fotografin. Um im Gewusel der Stadt beweglich zu bleiben, entschied sie sich kurzerhand, sämtliche Fotos für dieses Buch ausschließlich mit vorhandenem Licht aufzunehmen. Jeder wetterfeste Berliner weiß: eine interessante Aufgabe zwischen Oktober und März und eine kleine Herausforderung. Doch auch im letzten Winkel Berlins zeigte sich ein kleiner Streifen Neonlicht, die sanfte Reflexion einer Hauswand oder – wundervoll – die strahlende Sonne. Alle 111 Termine mit Berlinern waren ihr so eine große Freude.